भारत का स्वर्णिम इतिहास

लेखिका: लक्ष्मी सिंह

ट्रू साइन

प्रकाशक : टू साइन पब्लिशिंग हाउस

पता : SY.N0.21/2 & 21/3, सोननहल्ली,

कृष्णराजपुरा, बेंगलुरु, कर्नाटक - 560049 भारत

ईमेल : truesignbooks@gmail.com

वेबसाइट : www.truesign.in

© प्रकाशकाधीन

भारत का स्वर्णिम इतिहास

लेखिका: लक्ष्मी सिंह

ISBN: 978-93-5584-750-8

संस्करण: 2023

विषय सूची

भूमिका

भारत का स्वर्णिम इतिहास लिखने का यही उद्देश्य था कि हमारी आने वाली पीढ़ी यह जाने कि जिस धरा पर वह रह रहे हैं उस धरा को उर्वरा करने के लिए ना जाने कितने बलिदानी परिपाटीयों ने अपने रक्त से सींचा है ।यह भारत ऐसे ही भारत नहीं बना क्योंकि इसमें ना जाने कितनी मां की कोखें ऊजड़ी ना जाने कितनी बहनों ने अपने मांग के सिंदूर का बलिदान किया न जाने कितने बच्चे अनाथ हुए ना जाने कितने घरों के दीपक बुझे!

भारत की माटी उर्वरा है, ये तो सभी कहते हैं लेकिन सबको ये नहीं पता है कि इसमें कितना त्याग समर्पण मिला है तब जाकर यह भारत बना।

ऐतिहासिक तथ्यों को अगर खोला जाए तो रक्त ही रक्त नजर आएगा चारों ओर हमारे देश के योद्धाओं ने अपनी जिंदा जवानी जला डाली और वह पागल नहीं थे जिन्होंने मौत से फेरे लिए अगर वह चाहते तो सुखमय जीवन व्यतीत कर सकते थे आराम से राजाओं महाराजाओं की भांति मौज करते और शाम को मदिरा का सेवन कर वैश्यालयों मे बैठे होते परंतु ऐसा नहीं किए और वह लड़ते रहे, आपके मेरे लिए तब जाकर हमें छुटकारा मिला इस देश की महारानी मेरी झांसी वाली रानी जो बच्चा लेकर अंग्रेजों से लड़ गई उस मर्दानी स्वाभिमानी बलिदान को ऐसे ही भूल जाने दूं बात भले ही सदियों पुरानी है परंतु जब-जब इन योद्धा और योद्धानियों का जिक्र होता है तब- तब आंखों के आगे वह सारे दृश्य नृत्य करते हुए दिखाई पड़ते हैं।

मुझे बहुत दुख के साथ कहना पड़ रहा है कि हमारी यह जो पीढ़ियां हैं, उनको यह तक नहीं पता कि छत्रसाल कौन थे। तानाजी शाह कौन थे। महाराणा प्रताप कौन थे। रानी बघेली कौन थी। रानी लक्ष्मी बाई कौन थी। बहुत दुख की बात है कितनी दुखद घटना है, यह हमारे जीवन की सबसे बड़ी हार है कि हम अपने बच्चों को हमारे वीर योद्धा और योद्धानियों के बारे में कोई जानकारी नहीं दे रहे हैं जबकि उनको यह जानने का पूरा अधिकार है कि उनके पूर्वज कैसे थे कितनी कितनी लड़ाईयां लड़ी तब जाकर हमें शत्रुओं से छुटकारा मिला तब जाकर हम अमन और शांति के साथ जीवन व्यतीत कर पा रहे हैं।

लेखिका का जीवन परिचय

लक्ष्मी सिंह का जन्म उत्तर प्रदेश के जौनपुर जिले के पूराबघेला गाँव में 7 नवंबर 1999 मे हुआ इनके पिता जी का नाम "श्री राजेश्वर सिंह" जो कि पेशे से एक किसान है और माँ का नाम "ऋतु सिंह" जो कि बाल विकास परियोजना के तहत शिक्षिका के रूप में कार्यरत हैं गाँव के विद्यालय से प्रारंभिक शिक्षा प्राप्त करने के बाद एम. एस इंटर कॉलेज से 12वीं तक की शिक्षा प्राप्त की तत्पश्चात आर.एल पी.जी कालेज से स्नातक की शिक्षा प्राप्त की।

इनके दादा जी "स्व. मंगला प्रसाद सिंह (मंगलेश)" जी हिन्दी साहित्य के शिक्षक होने के साथ - साथ एक कवि और समाज सेवी भी थे।

लक्ष्मी को बचपन से ही लिखने का बहुत शौक था लेकिन इनके सपने कुछ और ही थे रेलवे में नौकरी करने का इनका सपना था बहुत कोशिशों के बाद भी ये सफल न हो सकीं फिर इन्होंने लिखना प्रारंभ किया और बहुत ही कम दिनों में अपनी एक अलग जगह बना लीं इनकी पहली पुस्तक "स्याही के रंग" जिसे "लक्ष्मी सिंह" और "राकेश शर्मा" ने लिखा।

उस किताब ने इंटरनेशनल बुक ऑफ वर्ल्ड रिकॉर्ड में अपनी जगह बनायीं इन्होंने 23 संकलन में सह लेखिका के रूप में कार्य किया और बहुत ही बेहतरीन प्रदर्शन रहा इनका क्योंकि लोगो को इनकी रचनाएँ काफी पसंद आयीं। ये 87 सम्मान प्रमाण पत्रों द्वारा सम्मानित की जा चुकीं है। भारत ही नहीं बल्कि पाकिस्तान और अफ्रीका के लेखकों के साथ भी कार्य किया और 2021 में सबसे ज्यादा उपलब्धियां प्राप्त की जिसकी वजह से इनको अचीवमेंट आफ द ईयर का अवार्ड मिला।

इनकी स्वरचित किताबें

1. स्याही के रंग
2. मेरा सफरनामा
3. आखिरी तस्वीर
4. पाकीज़ा
5. भारत का स्वर्णिम इतिहास

राानी दुर्गावती

भारत में इतिहास पर अगर नजर डाली जाए तो पूर्व से पश्चिम और उत्तर से दक्षिण तक वीरों और वीरांगनाओ की गाथाएँ भरी पड़ी है, जिन्होंने अपने स्वाभिमान और स्वतंत्रता के लिए अपने से कई गुना शक्तिशाली दुश्मनों के दांत खट्टे किये है। जैसे राजकुमारी रत्नावती, रानी बाघेलीआदि।

ऐसी ही एक महान वीरांगना गोंडवाना की रानी दुर्गावती (Rani durgavati) की गौरवशाली गाथा आज हम आपकों इस लेख के माध्यम से बताने जा रहे है, जिन्होंने मुगल बादशाह अकबर को कई बार युद्ध मे पराजित किया था।

इन्होंने पति की मृत्यु के पश्चात् गोंडवाना का शासन संभाला था, अपने 15 साल के शासन में इन्होंने गोंडवाना को ऊँचे शौर्य तक पहुंचाया था।

रानी दुर्गावती जी का विवाह किसके साथ हुवा था?

इस वीरांगना रानी दुर्गावती जी का जन्म 5 अक्टूबर 1524 को उत्तर प्रदेश के बांदा जिले के कालिंजर के शासक कीर्तिसिंह चंदेल वंशमें हुवा था। दुर्गावती जी अपने पिता की इकलौती संतान थी, उनका जन्म अष्ठमी के दिन हुआ था इसलिए पिता ने इनका नाम माता दुर्गा के नाम पर दुर्गावती रखा था।

एकलौती संतान होने की वजह से ही रानी दुर्गावती जी अपने राजमहल में सबकी दुलारी थी, और उनमें चंचलता और निडरता तो कूट-कूटकर भरी थी। धीरे-धीरे इनकी सुंदरता और शौर्य के चर्चे समस्त गोंडवाना में फैलने लगे थे।

अपने बचपन मे ही वह अपने पिता के साथ घुड़सवारी और शिकार पर जाती थी। उन्होंने गुरुकुल से अस्त्र-शस्त्र की दीक्षा भी ग्रहण की थी। अपने पिता के अत्यधिक नजदीक होने के कारण रानी दुर्गावती जी ने राज कार्य और राजनीति में भी प्रारंभ से निपुणता प्राप्त कर ली थी, रानी दुर्गावती जी सर्वगुण सम्पन्न थी।

रानी दुर्गावती की सुंदरता और शौर्य के चर्चे समस्त भारतवर्ष में फैलते जा रहे थे, इस कारण उनके पिता को उनके विवाह की चिंता भी सताने लगी थी। रानी दुर्गावती जी के लिए समस्त भारतवर्ष से विवाह के रिश्ते आने लगे थे।

कालिंजर ओर पड़ोसी राज्य गढ़ा मंडला के बीच किसी विवाद को लेकर युद्ध हो गया था। इस युद्ध मे दुर्गावती जी के राज्य को हार का सामना करना पड़ा और परिणामस्वरूप संधि हुई एवं गढ़ा मंडला के राजकुमार दलपतशाह के साथ रानी दुर्गावती का विवाह कर दिया गया।

विवाह के पश्चात् दोनों राज्यो में शक्तिशाली गठबंधन हुवा। रानी दुर्गावती जी को विवाह के एक वर्ष बाद पुत्र रत्न प्राप्त हुवा, जिनका नाम नारायण सिंह रखा था। कहते है ना कि किस्मत

में खुशियों का दौर ज्यादा समय तक नही रहता है, वैसा ही कुछ रानी दुर्गावती जी के साथ हुवा। जब 3 वर्षीय बालक नारायण सिंह के पिता दलतपशाह की मृत्यु हो गई थी।

इस मुश्किल घड़ी में रानी दुर्गावती जी ने हिम्मत नहीं छोड़ी और अपने नन्हे पुत्र को राज्य का राजा घोषित कर राज काज अपने हाथों में ले लिया था।

सन 1550 में अपने पति दलपतशाह की मृत्यु के बाद रानी दुर्गावती जी ने अपने पुत्र को गद्दी पर बैठाकर खुद राज्य की संरक्षक बन गई थी। कहते है कि उनके दिल मे आम जनता के प्रति अपार प्रेम और दया के कारण प्रजा में उनके प्रति बहुत सम्मान व्याप्त हो गया था।

रानी दुर्गावती जी ने सिंगौरगढ़ किले को अपनी मुख्य राजधानी बनाया था, किन्तु सामरिक दृष्टि से कमजोर होने के कारण उन्होंने अपनी राजनीतिक कौशल से अपनी राजधानी को चौरागढ़ में स्थानांतरित कर दिया। यह किला वर्तमान में नरसिंहपुर जिले में गाडरवारा में है। चौरागढ़ किला चारों और से ऊंचे पहाड़ों और जंगलों एवं नदी नालों से घिरा होने के कारण बहुत सुरक्षित था। इस कारण दुर्गावती जी की सैन्य शक्ति बहुत सुदृढ़ हो गई थी। वही दूसरी और शेरशाह शूरी की बुरी नजर गोंडवाना के विशाल साम्राज्य पर पड़ चुकी थी।

कहते है, रानी दुर्गावती के शासनकाल में गोंडवाना मालवा की स्थिति बहुत अधिक हो गई थी, एवम दुर्गावती जी ने अपने राज्य में प्रजाहित कई जगहों पर मंदिरों और भवनों के साथ अपने राज्य में आने-जाने वाले राहगीरों के लिए कई धर्मशालाएं भी बनवाई थी। कुछ समय बाद युद्ध मे शेरशाह की मृत्यु हो गई, और उसके राज्य पर सुजात खान ने कब्जा कर लिया।

सुजात खान बहुत महत्वकांक्षी शासक था। इसी मंशा के कारण उसने रानी दुर्गावती जी को महिला और कमजोर समझकर उनके राज्य पर आक्रमण कर दिया किन्तु वीरांगना दुर्गावती जी के मजबूत इरादों और कुशल नेतृत्व के कारण सुजात खान की पराजय हुई। इस विजय से रानी दुर्गावती जी की कीर्ति और अधिक फैल गई।

रानी दुर्गावती की कीर्ति आगरा तक पहुंच चुकी थी, और उनके बढ़ते प्रभाव के कारण मुगल बादशाह अकबर की भी नींद उड़ चुकी थी। किन्तु वीरांगना से बिना बात के युद्ध करना उसे अपनी बहुत बड़ी बेवकूफी लगी। क्योंकि वह जानता था कि एक कमजोर महिला समझने की भूल करेगा तो मुह की खायेगा।

अकबर ने कूटनीति चली और रानी दुर्गावती के पास संधि संदेश भेजा कि वह युद्ध करना नही चाहता और उसे दोस्ती के रूप में आपसे आपका प्रिय सफेद हाथी सरमन और आपका वजीर आधारसिंह भेंट स्वरूप चाहिए। वरना मुगल सल्तनत आपसे युद्ध करने को मजबूर हो जाएगा।

स्वाभिमानी रानी दुर्गावती जी ने यह प्रस्ताव ठुकरा दिया, इस कारण अकबर को युद्ध करने की वजह मिल गई। अकबर ने अपने करीबी रिश्तेदार आसफ खां को सेना का नेतृत्व देकर आक्रमण के लिए भेज दिया। आसफ खां ने गोंडवाना पर आक्रमण कर दिया। इस युद्ध के लिए दुर्गावती जी पहले से तैयार थी, जबलपुर के नजदिन दोनों सेनाओं में भीषण युद्ध हुवा। इस युद्ध मे मुगलो के पांव उखड़ गए और उनकी सेना युद्ध छोड़कर भाग गई।

इस हार से अकबर तिलमिला गया था, और एक विशाल सेना को तोपखानों के साथ गोंडवाना की तरफ रवाना कर दिया। इस बार मुगल सेना ने अपनी सारी शक्ति इस युद्ध मे झोंक दी थी, किन्तु रानी दुर्गावती के मजबूत इरादे इस बार कुछ और ही थे।

24 जून 1564 के दिन दोनों सेनाओं में भीषण युद्ध हुआ। दुर्गावती जी और उनकी सेना ने केसरियाधारण कर युद्ध किया। युद्ध मे दोनों ओर भारी क्षति हुई, इसी बीच एक तीर रानी दुर्गवती के आंख में आकर लग गया और वह अत्यधिक घायल हो गई।

रानी दुर्गावती जी ने अपने पुत्र को सुरक्षित युद्ध से निकाल दिया, अब वह जान चुकी थी कि मृत्यु निश्चित है। इसलिए अपने सेनापति से कहाँ की अब हमे आखिरी युद्ध करना है । गोंडवाना के शेरों ने अपनी तलवारे खींच ली । दुर्गावती जी ने दुश्मन को अपने आपको सोपने से अच्छा मरना मंजूर था, इसलिए अपनी तलवार से ही अपनी गर्दन काटकर इतिहास में अपना नाम सदा के लिए अमर कर लिया।

रानी दुर्गावती जी के वीरगति को प्राप्त होने के बाद भी गोंडवाना ओर मुगलो के बीच संघर्ष चलता रहा। अकबर कई वर्षों बाद भी गोंडवाना पर सम्पूर्ण अधिकार नही कर सका था। अब दुर्गावती जी के पुत्र नारायणसिंह ने सेना की बागडोर अपने हाथ मे ले ली थी। अकबर और नारायणसिंह के बीच कई युद्ध हुए। अंत मे एक युद्ध में वीर नारायणसिंह भी ध्वस्त हो गए।

रानी दुर्गावती जी के बलिदान के बाद बरेला नामक स्थान जहाँ उन्होंने वीरगति प्राप्त की थी, वर्तमान में रानी दुर्गावती जी की समाधि बनी हुई है। इतिहास में दर्ज 24 जून की तारीख स्वर्ण अक्षरों में अंकित हो गई और आज भी हम रानी दुर्गावती जी के बलिदान दिवस के रूप में मनाते है।

रानी दुर्गावती जी के सम्मान में भारत सरकार ने 24 जून 1988 को डाक टिकट जारी किया था।

गोंडवाना की वीरांगना दुर्गावती जी ने अपने जीवन काल मे 52 युद्ध लड़े थे, इनमे से 51 में उन्होंने अपने दुश्मनों को पराजय का मुख दिखाया था, ओर अपने अंतिम 52वे युद्ध मे केशरिया धारण कर वीरगति को प्राप्त हो गई थी।

मध्यप्रदेश सरकार ने 1983 में जबलपुर विश्वविद्यालय का नाम बदलकर "रानी दुर्गावती विश्वविद्यालय" कर दिया था।

रानी दुर्गावती घुड़सवारी के साथ शिकार की भी शौकीन थी। कहते है कि शेर दिखाई देने पर जब तक उसका शिकार ना कर ले दुर्गावती जी पानी तक नहीं पीती थी।

रानी दुर्गावती जी ने तीनों मुस्लिम शासकों को हार का मुंह चखाया था। एक बार शेरशाह शूरी ओर फिर आजम खां एवं अंत मे अकबर को भी एक बार पराजित कर भागने पर मजबूर कर दिया था।

रानी दुर्गावती जी के सम्मान में जबलपुर ओर मंडला नामक स्थान के मध्य बरेला में आज भी उनकी समाधि बनी हुई है, जिनके आगे हजारों श्रद्धालु नतमस्तक होते है।

अपने 15 साल के शासनकाल में उन्होंने सैकड़ो मंदिर और धर्मशालाओ का निर्माण करवाया था

राजकुमारी रत्नावती। सदियों से भारत देश का इतिहास स्वर्णिम रहा है, जहाँ हमारे देश को "सोने की चिड़िया" कहा जाता था। वही इस देश के दामन पर दाग लगाने और इस भूमि पर अपना कब्जा करने के उदेश्य से ब्रिटिश से लेकर विदेशी लुटेरों ने भी कोई कसर नहीं छोड़ी थी।

जहाँ उन ताकतवर हमलावरों ने देश के कई राज्यों पर आक्रमण कर उनपर अपनी हुकूमत की, तो देश में कुछ महाराजा-महारानी ऐसे भी थे जिन्होंने उनके शासन के खिलाफ जंग छेड़ दी। इन विदेशी हमलावरों के खिलाफ आवाज़ उठाने वालो में सिर्फ देश के राजा-महाराजा ही नहीं बल्कि देश की वीरांगनाए भी आती थी। जिन्होंने अपने पराक्रम से विदेशी हमलावरों के दांत खट्टे करे।

आज हम आपको देश की ऐसे ही वीरांगना राजकुमारी के बारे में बताएंगे जिन्होंने अपने शौर्य से दुश्मनों के दांत खट्टे किये थे और अपना नाम इतिहास में सदेव के लिए अमर कर लिया।

जैसलमेर नरेश महारावल रत्नसिंह ने जैसलमेर किले की रक्षा अपनी पुत्री राजकुमारी रत्नावती को सौंप दी थी। इसी दौरान दिल्ली के बादशाह अलाउद्दीन की सेना ने किले को घेर लिया जिसका सेनापति मलिक काफूर था। राजकुमारी रत्नावती ने अपने पिता को चिंतामुक्त होने को कहाँ की आप दुर्ग की तनिक भी चिंता ना करे। जब तक मुझमे प्राण है तब तक अल्लाउदीन इस दुर्ग की एक ईंट भी नहीं उठा पायेगा।

अपनी पुत्री के इस साहस भरे शब्दों को सुन रावल रत्नसिंह जी ने अस्त्र-शस्त्र धारण किये और निकल पड़े तुर्को से लोहा लेने। किले के सभी सामंत निकल चुके थे केसरिया धारण कर शाका करने। किले के द्वार से निकलते ही दोनों सेनाओं में भयंकर युद्ध हुआ।

किले के चारों ओर मुगल सेना ने घेरा डाल लिया किंतु राजकुमारी रत्नावती इससे घबराई नहीं और सैनिक वेश में घोड़े पर बैठी किले के बुर्जो व अन्य स्थानों पर घूम-घूमकर सेना का संचालन करती रहीं। अतत: उसने सेनापति काफूर सहित 100 सैनिकों को बंधक बना लिया।

राजकुमारी रत्नावती

सेनापति के पकड़े जाने पर मुगल सेना ने किले को घेर लिया। किले के भीतर का अन्न समाप्त होने लगा। राजपूत सैनिक उपवास करने लगे।

राजकुमारी रत्नावती भूख से दुर्बल होकर पीली पड़ गईं किंतु ऐसे संकट में भी राजकुमारी रत्नावती द्वारा राजधर्म का पालन करते हुए अपने सैनिकों को रोज एक मुट्ठी और मुगल बंदियों को दो मुट्ठी अन्न रोज दिया जाता रहा।

अलाउद्दीन को जब पता लगा कि जैसलमेर किले में सेनापति कैद है और किले को जीतने की आशा नहीं है तो उसने महारावल रत्नसिंह के पास संधि-प्रस्ताव भेजा। राजकुमारी ने एक दिन देखा कि मुगल सेना अपने तम्बू-डेरे उखाड़ रही है और उसके पिता अपने सैनिकों के साथ चले आ रहे हैं।

मलिक काफूर जब किले से छोड़ा गया तो वह रोने लगा और उसने कहा- 'यह राजकुमारी साधारण लड़की नहीं, यह तो वीरांगना के साथ देवी भी हैं। इन्होंने खुद भूखी रहकर हम लोगों का पालन किया है। ये पूजा करने योग्य आदरणीय हैं।'

ये थी भारत भूमि की वो वीरांगना जिसने अपने पराक्रम और बहादुरी से अपना नाम इतिहास के सुनहरे अक्षरों में हमेशा के लिए दर्ज़ करा लिया, इन को हमारा शत-शत नमन है।

क्या है हाड़ी रानी का इतिहास...

राजस्थान की इस पूज्य धरा के लिए कविवर रामधारी सिंह दिनकर ने कहा था की जब में इस पूज्य धरा पर कदम रखता हूं तो मेरे पैर एकाएक ही रुक जाते है। मेरा हृदय सहम जाता है की कही मेरे पैर के नीचे की वीर की समाधी या किसी वीरांगना थान ना हो। यह वाक्य राजस्थान के परिचय में कहे गए है। ऐसे बहुत से लोगो द्वारा कहे गए शब्द राजस्थान के अमर इतिहास को बताते दिखाई पड़ते है। इसी अमर इतिहास से आज हम आपके लिए एक ऐसी रानी की कहानी लाये है जिसके बलिदान की यशोगाथा राजस्थान के हरेक अंचल में आज भी सुनाई पड़ती है तो आइये जानते हाड़ी रानी का इतिहास...

"चुण्डावत मांगी सैनाणी,

सिर काट दे दियो क्षत्राणी"

राजस्थान में गाया जाने वाला यह गीत इस वीरांगना के अमर बलिदान को कहता है। मेवाड़ के स्वर्णिम इतिहास में हाड़ी रानी का नाम अपने स्वर्णिम बलिदान के लिए अंकित है। यह उस समय की बात है जब मेवाड़ पर महाराणा राजसिंह (1652 – 1680 ई०) का शासन था। इनके सामन्त सलुम्बर के राव चुण्डावत रतन सिंह थे। जिनसे हाल ही में हाड़ा राजपूत सरदार की बेटी से शादी हुई थी। लेकिन शादी के सात दिन बाद ही राव चुण्डावत रतन सिंह को महाराणा

राजसिंह सन्देश प्राप्त हुआ था। जिसमे उन्होंने राव चुण्डावत रतन सिंह को दिल्ली से ओरंगजेब के सहायता के लिए आ रही अतिरिक्त सेना को रोकने का निर्देश दिया था। चुण्डावत रतन सिंह के लिए यह सन्देश उनका मित्र शार्दूल सिंह ले कर आया था।

यह सन्देश मिलते ही चुण्डावत रतन सिंह ने अपनी सेना को युद्ध की तैयारी का आदेश दे दिया। वह इस सन्देश को लेकर अपनी पत्नी हाड़ी रानी के पास पहुँच और सारी कहानी सुनाई। जिसके बाद हाड़ी रानी ने अपने पति को युद्ध में जाने के लिए तैयार किया। उनके लिए विजय की कामना के साथ उन्हें युद्ध के लिए विदाई दी।

सरदार अपनी सेना के साथ हवा से बाते करता उड़ा जा रहा था। किन्तु उसके मन में रह रह कर आ रहा था कि कही सचमुच मेरी पत्नी मुझे बिसार न दें ? वह मन को समझाता पर उसक ध्यान उधर ही चला जाता। अंत में उससे रहा न गया। उसने आधे मार्ग से अपने विश्वस्त सैनिकों के रानी के पास भेजा। उसकों फिर से स्मरण कराया था कि मुझे भूलना मत। मैं जरूर लौटूंगा।

रानी पद्मिनी

राजस्थान के चित्तौड़गढ़ के किलों का इतिहास बड़ा ही रोचक है। यहाँ के किलों को सिर्फ यहाँ के राजपूतों की बहादुरी के लिए बस नहीं जाना जाता है, बल्कि इसे जाना जाता है यहाँ की सुंदर रानी पद्मावती या पद्मिनी के लिए। रानी पद्मावती के जीवन की कहानी वीरता, त्याग, त्रासदी, सम्मान और छल को दिखाती है। रानी पद्मिनी अपनी सुंदरता के लिए समस्त भारत देश में प्रसिद्ध थी। वैसे ऐसा कोई ऐतिहासिक प्रमाण नहीं है कि रानी पद्मिनी वास्तव में अस्तित्व में थी या नहीं। पद्मावत एक कविता थी, जिसे मालिक मोहम्मद जायसी ने 1540 में लिखा, जिसमें पहली बार पद्मावती के बारे में लिखित दस्तावेज मिले थे, जो कि लगभग उस घटना के 240 सालों बाद लिखा गया था।

पद्मावती, रावल रतन सिंह और अलाउद्दीन खिलजी तीनों का जीवन एक बिंदु पर आकर जुड़ जाता है। कुछ लोग पद्मावती को सिर्फ कहानी का एक पात्र ही मानते है। अलाउद्दीन के इतिहासकारों ने मुस्लिम शासक का राजपुताना में उस विजय को अपने पत्रों में जगह दी, ताकि वे सिध्य कर सकें कि राजपुताना राज्य में सुल्तान ने विजत प्राप्त की थी। वैसे राजपूत और हिन्दू वंश इस कहानी को एक कहानी ही मानते है और इसमें बिलकुल भी विश्वास नहीं करते है।

रानी पद्मावती राजा गन्धर्व और रानी चम्पावती की बेटी थी। जो कि सिंघल कबिले में रहा करती थी। पद्मावती के पास एक बोलने वाला तोता 'हीरामणि' भी था, जो उनके बेहद करीब था। पद्मावती बहुत सुंदर राजकुमारी थी, जिनकी सुन्दरता के चर्चे दूर-दूर तक थे। पद्मावत कविता में कवि ने उनकी सुन्दरता को बहुत अच्छे ढंग से प्रस्तुत किया है। उनके अनुसार पद्मावती के पास सुंदर तन था, अगर वे पानी भी पीती तो उनके गले के अंदर से पानी देखा जा सकता, अगर वे पान खाती तो पान का लाल रंग उनके गले में नजर आता।

पद्मावती के लिए उनके पिता ने एक स्वयंवर आयोजित करवाया, जिसमें देश के सभी हिन्दू राजा, राजपूतों को आमंत्रण भेजा गया। मलकान सिंह जो एक छोटे से राज्य के राजा थे, उन्होंने सबसे पहले राजकुमारी पद्मावती का हाथ माँगा। चित्तोर के राजा रावल रतन सिंह भी इस स्वयंवर में गए थे, लेकिन उनकी पहली से 13 रानियाँ थी। रावल रतन सिंह ने मलकान सिंह को इस स्वयंवर में हरा दिया और रानी पद्मावती से विवाह कर लिया। वे अपनी पत्नी पद्मावती के साथ चित्तोड़ आ गए।

12 वीं एवं 13 वीं शताब्दी के समय चित्तौड़ में राजपुत राजा 'रावल रतन सिंह' का राज्य था, जो सिसोदिया राजवंश के थे। वे एक बहादुर और महान योद्धा थे। रावल रतन अपनी पत्नी पद्मावती से अत्याधिक प्रेम किया करते थे, इससे पहले इनकी 13 शादियाँ हो चुकी थी, लेकिन पद्मावती के बाद इन्होने कोई विवाह नहीं किया था। राजा बहुत अच्छे शासक थे, जो अपनी प्रजा से बहुत प्यार करते थे, इसके अलावा राजा को कला का बहुत शौक था। देश के सभी कलाकारों, नर्तकियों, कारीगरों, संगीतकार, कवि, गायक आदि का राजा स्वागत करते और

उन्हें सम्मानित करते थे। उनके राज्य में एक बहुत अच्छा गायक 'राघव चेतक' था। लेकिन गायकी के अलावा राघव को काला जादू भी आता था, जो बात किसी को नहीं पता थी। राघव ने अपनी इस प्रतिभा का इस्तेमाल अपने ही राजा के खिलाफ करना चाहा, और वह एक दिन रंगे हाथों पकड़ा भी गया। राजा को जब ये बात पता चली, तब उसने सजा के रूप में उसका मुंह काला कर उसे गधे में बिठाकर अपने राज्य से बहिष्कृत कर दिया। इस कड़ी और घिनौनी सजा से राजा रतन सिंह के दुश्मन और बढ़ गए, राघव चेतन ने राजा के खिलाफ बगावत कर दी।

अब इस कहानी में अलाउद्दीन खिलजी आते है। राघव चेतक अपने इस अपमान के बाद दिल्ली की ओर बढे, ताकि वे दिल्ली के सुल्तान से हाथ मिला सकें, और चित्तौड़ में हमला कर सकें। राघव चेतक अलाउद्दीन खिलजी के बारे में अच्छे से जानता था, उसे पता था कि सुल्तान दिल्ली के पास जंगल में रोज शिकार के लिए आता है। राघव अलाउद्दीन खिलजी से मिलने की चाह में रोज जंगल में बैठे बांसुरी बजाता रहता था।

एक दिन राघव की किस्मत ने पलटी खाई, उसने अलाउद्दीन खिलजी के जंगल में आते ही सुरीली आवाज में बांसुरी बजाना शुरू कर दिया। इतनी सुंदर बांसुरी की आवाज जब अलाउद्दीन खिलजी और उसके सैनिको के कानों में पड़ी तो सब आश्चर्यचकित हो गए। अलाउद्दीन खिलजी ने अपने सैनिकों को उस इन्सान को ढूढने के लिए भेजा, राघव को सैनिक ले आये। अलाउद्दीन खिलजी ने उसे दिल्ली में अपने दरबार में आने को कहा। चालाक राघव ने इस मौके का फायदा उठाते हुए सुल्तान से कहा कि जब उसके पास इतनी सुंदर-सुंदर वस्तुएं है, तो वो क्यूँ इस साधारण से संगीतकार को अपने राज्य में बुला रहा है। सुल्तान सोच में पड़ गए और राघव से अपनी बात को स्पष्टता से समझाने को कहा। राघव तब सुल्तान को बताता है कि वो एक गद्दार है, साथ ही वो वहां की रानी पद्मावती की सुन्दरता का वखान कुछ इस तरह करता है कि अलाउद्दीन खिलजी उसकी बात सुन कर ही उत्तेजना से भर जाते है और चित्तौड़ में हमले का विचार कर लेते है। अलाउद्दीन खिलजी सोचता है कि इतनी सुंदर रानी को उसके हरम की सुन्दरता बढ़ानी चाहिए।

पद्मावती की सुन्दरता को सुन अलाउद्दीन खिलजी चित्तौड़ में चढ़ाई शुरू कर देता है। वहां पहुँच कर अलाउद्दीन खिलजी देखता है कि चित्तोर में सुरक्षा व्यवस्था बहुत पुख्ता है, वो निराश हो जाता है। लेकिन पद्मावती को देखने की उसकी चाह बढ़ती जा रही थी, जिस वजह से वो रावल रतन सिंह को एक सन्देश भेजता है, और बोलता है कि वो रानी पद्मावती को एक बहन की हैसियत से मिलना चाहता है। किसी औरत से मिलना चाहना, ये बात किसी राजपूत को बोलना शर्म की बात माना जाता है, उनकी रानी को बिना परदे के देखने की इजाज़त किसी को नहीं होती है। अलाउद्दीन खिलजी एक बहुत ताकतवर शासक था, जिसके सामने किसी को न कहने की हिम्मत नहीं थी। हताश रतन सिंह, सुल्तान के रोष से बचने और अपने राज्य को बनाए रखने के लिए उनकी यह बात मान लेते है।

रानी पद्मावती अपने राजा की बात मान लेती है। लेकिन उनकी एक शर्त होती है, कि सुल्तान उन्हें सीधे नहीं देख सकते बल्कि वे उनका आईने में प्रतिबिम्ब देख सकते है। अलाउद्दीन खिलजी उनकी इस बात को मान जाते है। उन दोनों का एक निश्चय किया जाता है, जिसके लिए विशेष तैयारी की जाती है। खिलजी अपने सबसे ताकतवर सैनिकों के साथ किले में जाता है, जो किले में गुप्त रूप से देख रेख भी करते है। अलाउद्दीन खिलजी पद्मावती को आईने में देख मदहोश

ही हो जाता है, और निश्चय कर लेता है कि वो उनको पाकर ही रहेगा। अपने शिविर में लौटते समय, रतन सिंह उसके साथ आते है। खिलजी इस मौके का फायदा उठा लेता है और रतन सिंह को अगवा कर लेता है, वो पद्मावती एवं उनके राज्य से राजा के बदले रानी पद्मावती की मांग करते है।

संगारा चौहान राजपूत जनरल गोरा और बादल ने अपने राजा को बचाने के लिए सुल्तान से युद्ध करने का फैसला किया। पद्मावती के साथ मिलकर दोनों सेनापति एक योजना बनाते है। इस योजना के तहत वे खिलजी को सन्देश भेजते है कि रानी पद्मावती उनके पास आने को तैयार है। अगले दिन सुबह 150 पालकी खिलजी के शिविर की ओर पलायन करती है। जहाँ राजा रतन सिंह को रखा गया था, उससे पहले से पालकी रुक जाती है। खिलजी के सभी सैनिक और रतन सिंह जब ये देखते है कि चित्तोर से पालकी आ रहा है तो उन्हें लगता है कि वे अपने साथ रानी पद्मावती को लेकर आये है। जिसके बाद सब राजा रतन सिंह को बहुत अपमानित करते है। सबको आश्चर्य में डालते हुए, इन पालकियों से रानी या उनकी दासी नहीं बल्कि रतन सिंह की सेना के जवान निकलते है, जो जल्दी से रतन सिंह को छुड़ाकर खिलजी के घोड़ों में चित्तोर की ओर भाग जाते है। गोरा युद्ध में पराक्रम के साथ लड़ता है, लेकिन शहीद हो जाता है, जबकि बादल राजा को सही सलामत किले में वापस लाने में सफल होता है।

अपनी हार के बाद खिलजी क्रोध में आ जाता है और अपनी सेना से चित्तोर में चढ़ाई करने को बोलता है। अलाउद्दीन खिलजी की सेना रतन सिंह के किले को तोड़ने की बहुत कोशिश करती है, लेकिन वो सफल नहीं हो पाती है। जिसके बाद अलाउद्दीन अपनी सेना को किले को घेर कर रखने को बोलता है। घेराबंदी के लिए एक बड़ी और ताकतवर सेना को खड़ा किया गया। लगातार कई दिनों तक वे घेराबंदी किये खड़े रहे, जिससे धीरे धीरे किले के अंदर खाने पीने की कमी होने लगी। अंत में रतन सिंह ने अपनी सेना को आदेश दिया कि किले का दरवाजा खोल दिया जाए और दुश्मनों से मरते दम तक लड़ाई की जाये। रतन सिंह के इस फैसले के बाद रानी हताश होती है, उसे लगता है कि खिलजी की विशाल सेना के सामने उसके राजा की हार हो जाएगी, और उसे विजयी सेना खिलजी के साथ जाना पड़ेगा। इसलिए पद्मावती निश्चय करती है कि वो जौहर कर लेगी। जौहर का मतलब होता है, आत्महत्या, इसमें रानी के साथ किले की सारी औरतें आग में कूद जाती है।

26 अगस्त सन 1303 में पद्मावती भी जौहर के लिए तैयार हो जाती है और आग में कूद कर अपने पतिव्रता होने का प्रमाण देती है। किले की महिलाओं के मरने के बाद, वहां के पुरुषों के पास लड़ने की कोई वजह नहीं होती है। उनके पास दो रास्ते होते है या वे दुश्मनों के सामने हार मान लें, या मरते दम तक लड़ते रहें। अलाउद्दीन खिलजी की जीत हो जाती है, वो चित्तोर के किले में प्रवेश करता है, लेकिन उसे वहां सिर्फ मृत शरीर, राख और हड्डियाँ मिलती है।

रानी बघेली

भारतीय इतिहास में राजस्थान की धरा वीर प्रसूताओं की रही है जिसके पग- पग पर एक रणभूमि है। यह धोरों की धरती वीरता एवं पराक्रम के साथ ही अपने राष्ट्र प्रेम, स्वामिभक्ति एवं संस्कृति की रक्षा के लिए प्राणों को उत्सर्ग करने हेतु तत्पर रहने वाले शूरवीरों का प्रतिनिधित्व करती है।

ऐसी ही एक कहानी है रानी बघेली की, राजस्थान की अन्य वीरांगनाओं की तरह रानी बघेली की गाथा भी त्याग और स्वामिभक्ति की रही।

राजस्थान के मारवाड़ (जोधपुर) राज्य के राजकुमार अजीतसिंह को औरंगजेब से बचाने के लिए मारवाड़ के बलुन्दा ठिकाने की रानी बघेली ने अपनी नवजात दुधमुही राजकुमारी का बलिदान देकर राजकुमार अजीतसिंह के जीवन की रक्षा की एवं औरंगजेब के आतंक के साये से बचाते हुए राजकुमार अजीतसिंह का लालन पोषण किया।

इतिहासकारों ने की रानी बघेली के साथ नाइंसाफी

रानी बघेली के इस अदम्य त्याग और बलिदान की गाथा को हलांकि वो एतिहासिक सम्मान नही मिल पाया जो पन्नाधाय को मिला। इतिहासकारों ने रानी के स्वामिभक्ति एवं त्याग की गाथा का समुचित वर्णन नही किया है अत: आमजन की अनभिज्ञता द्रष्टव्य है।

अफगानिस्तान के जमरूद नामक ठिकाने आर २८ नवम्बर १६७८ को जोधपुर के महाराजा जसवंत सिंह का निधन हो गया था। उनके निधन के समय उनके साथ रह रही दो रानियां गर्भवती थी। अत: वीर शिरोमणि दुर्गादास एवं अन्य सरदारों ने इन रानियों को महाराजा के पार्थिव शरीर के साथ सती होने से रोक लिया।

दोनों रानियों को लाहौर लाया गया, १९ फरवरी १६७९ को दोनों रानियों ने एक एक पुत्र को जन्म दिया जिसमें बड़े राजकुमार का नाम अजीत सिंह एवं छोटे राजकुमार का नाम द्ल्थम्बन रखा। १६७९ में जोधपुर के सरदार इन दोनों रानियों को लेकर दलबल के साथ दिल्ली पहुंचे।

लेकिन तब तक औरंगजेब ने कूटनीति से पूरे मारवाड़ राज्य पर कब्जा कर लिया था एवं राजकुमार अजीतसिंह को जोधपुर राज्य के उत्तराधिकारी की मान्यता देने से इंकार करने लगे, तब जोधपुर के सरदार दुर्गादास राठौर, बलुन्दा के ठाकुर मोहकम सिंह आदि ने औरंगजेब के षड्यंत्र को भांपते हुए शिशु राजकुमार को जल्द से जल्द मारवाड़ पहुंचाने का निर्णय किया।

उसी समय बलुन्दा की मोहकम सिंह की रानी बघेली भी अपनी नवजात राजकुमारी के साथ दिल्ली ठहरी हुई थी। उसने राजकुमार अजीतसिंह के रक्षार्थ राजकुमार को अपनी राजकुमारी से बदल लिया और राजकुमार को राजकुमारी के कपड़ों में छिपाकर खिंची मुकंदास व् कुंवर हरीसिंह के साथ दिल्ली से बलुन्दा ले आई।

रानी बघेली ने किसी को भनक तक नहीं लगने दी। दासियों तक को रानी बघेली ने यह भनक न लगने दी की राजकुमारी के वेशभूषा में राजकुमार का लालन पालन हो रहा है। छह माह तक रानी ने स्वयं ही राजकुमार का लालन-पालन किया। एक दिन एक दासी ने कपड़े पहनाते वक्त देख लिया, यह बात उसने दुसरी रानियों को बता दी।

अत: अब बलुन्दा का किला राजकुमार की सुरक्षा के लिए उचित नहीं ऐसा मानकर रानी ने मायके जाने का बहाना किया तथा खिंची मुकुंदास एवं कुंवर हरी सिंह की सहायता से राजकुमार को लेकर सिरोही के कालिंद्री गाँव में अपने एक निष्ठवान परीचित जयदेव नामक ब्राह्मण को राजकुमार के लालन-पालन के लिए सौंप दिया। जयदेव की पत्नी ने अपना दूध पिला कर जोधपुर के उतराधिकारी राजकुमार को बड़ा किया।

बता दें कि राजकुमार अजीत सिंह ही बड़े होकर जोधपुर के महाराजा बने। इस तरह रानी बघेली ने अपने अदम्य त्याग और बलिदान का परिचय देकर मारवाड़ के भविष्य की रक्षा की। रानी बघेली के त्याग के बिना आज मारवाड़ का इतिहास कुछ और ही होता।

अवंतिका बाई

1857 की आज़ादी की लड़ाई में मध्य प्रदेश के रामगढ़ रिसासत की रानी अवंतिका बाई लोधी का भी नाम स्वर्णाक्षरों में अंकित है। रामगढ़ मध्य प्रदेश के मांडला जिले में 1857 में एक छोटा-सा कस्बा था। वहाँ के अंतिम राजा लक्ष्मण सिंह थे, जिनकी मृत्यु 1850 ई. में हो गई।

लक्ष्मण सिंह के मरने के बाद उनके राजकुमार विक्रमजीत सिंह ने गद्दी सँभाली। दुर्बल मस्तिष्क होने के कारण वह बहुत दिनों तक शासन नहीं चला सका। डलहौज़ी की हड़पनीति का रामगढ़ भी शिकार हुआ। रानी की इच्छा के विपरीत वहाँ एक तहसीलदार नियुक्त किया गया और राजपरिवार को पेन्शन दे दी गई। रानी घायल सिंहनी की तरह समय का इंतज़ार कर रही थीं।

कम्पनी सरकार की दुर्नीति के चलते 1857 में क्रांति भड़क उठी। इस क्रांति में केवल सिपाहियों ने ही नहीं अनेक राजाओं और महाराजाओं ने भी भाग लिया। झाँसी, सतारा, कानपुर, मेरठ सभी जगह क्रांति के झंडे फहराने लगे।

रामगढ़ की रानी भला इस क्रांति से अपने को कैसे अलग रख सकती थीं। जुलाई 1857 में उन्होंने क्रांति छेड़ दी। सरकार द्वारा स्वयं युद्ध का नेतृत्व करने लगीं। उसके विद्रोह की ख़बर जबलपुर के कमिश्नर तक पहुँची।

कमिश्नर ने रानी को पत्र द्वारा निर्देश दिया कि मांडल के डिप्टी कलेक्टर से मिले। उन्हें यह संदेश मिला कि सरकार के साथ संधि कर ले अथवा परिणाम भुगतने के लिए तैयार रहे। अवंतिका बाई लोधी ने कमिश्नर के आदेश का उल्लंघन करते हुए पूरी शक्ति के साथ सरकार विरोध किया।

रानी ने सरदारों का उत्साह बढ़ाते हुए कहा- भाइयों जब भारत माँ गुलामी की जंजीरों से बँधी हो तब हमें सुख से जीने का कोई हक नहीं। माँ को मुक्त करवाने के लिए ऐशो-आराम को तिलांजलि देनी होगी, खून देकर ही आप अपने देश को आज़ाद करा सकते हैं। रानी ने अपने व्यक्तित्व से समस्य सैनिकों में अपूर्व उत्साह भरा, युद्ध जमकर हुआ। सरकारी फौज को मुँह की खानी पड़ी।

1 अप्रैल, 1858 को ब्रितानी रामगढ़ पर टूट पड़े। रानी ने तलवार उठाई। सैकड़ों सिपाही हताहत हुए। सेनापति को अपनी जान लेकर भागना पड़ा लेकिन ब्रितानी भी हार मानने वाले नहीं थे। वाशिंगटन के नेतृत्व में अधिक सैन्यबल के साथ पुन: रामगढ़ पर आक्रमण किया गया।

इस बार भी रानी के कृतज्ञ और बहादुर सैनिकों ने ब्रितानियों को मैदान छोड़ने के लिए बाध्य किया। यह युद्ध बड़ा लोमहर्षक था। दोनों तरफ के अनेक बहादुर सिपाही वीरगति को प्राप्त हुए। रानी की ललकार पर रामगढ़ की सेना दुश्मनों पर टूट पड़ती।

अवंतिका बाई के सफल नेतृत्व के कारण वाशिंगटन को पुन: मैदान छोड़ना पड़ा। रानी के सिपाही लड़ते-लड़ते थक चुके थे। राशन की कमी होने लगी। फिर भी रानी ने सैनिकों में उत्साह भरा, उनकी कठिनाइयों को दूर करने का प्रयास किया।

उन्हें पता था कि ब्रितानी अपनी हार सदा स्वीकार नहीं करेंगे। नए सिरे से सैनिकों का संगठन किया गया। रानी की शंका सही सिद्ध हुई। तीसरी बार बड़ी तैयारी के साथ ब्रितानी सिपाही रामगढ़ पर टूट पड़े। घमासान युद्ध हुआ। रानी बहादुरी से लड़ीं। अनेक सिपाही मारे गए।

रानी समझ गईं कि विजय भी उनके पक्ष में नहीं। वह अपने कुछ सैनिकों के साथ जंगलों की तरफ भाग गईं और गुरिल्ला युद्ध का संचालन करने लगीं। आशा थी कि रीवां नरेश रामगढ़ की मदद करेंगे। पर उन्होंने ब्रितानियों का साथ दिया।

हिम्मत की भी हद होती है। केवल बहादुरी से काम कब तक चलता ? न संगठित सेना थी, न विशाल आधुनिक शास्त्रागार ही। रानी ने अंग्रेज़ों के हाथों मरने की अपेक्षा स्वयं अपनी जान देना ज़्यादा उचित समझा। उन्होंने खुद ही अपनी तलवार से अपना सीना चीर लिया। भारत माँ को मुक्ति के लिए इस महान नारी के बलिदान को हम सदा याद रखेंगे।

रानी चेन्नम्मा का दक्षिण भारत के कर्नाटक में वही स्थान है जो स्वतंत्रता संग्राम के संदर्भ में झाँसी की रानी लक्ष्मीबाई का है। चेन्नम्मा ने लक्ष्मीबाई से पहले ही अंग्रेज़ों की सत्ता को सशस्त्र चुनौती दी थी और अंग्रेज़ों की सेना को उनके सामने दो बार मुँह की खानी पड़ी थी।

इस सुंदर बालिका का जन्म 23 अक्टूबर, 1778 ई. में दक्षिण के काकतीय राजवंश में हुआ था। पिता धूलप्पा और माता पद्मावती ने उसका पालन-पोषण राजकुल के पुत्रों की भाँति किया। उसे संस्कृत भाषा कन्नड़ भाषा, मराठी भाषा और उर्दू भाषा के साथ-साथ घुड़सवारी, अ शस्त्र चलाने और युद्ध-कला की भी शिक्षा दी गई।

चेन्नम्मा का विवाह कित्तूर के राजा मल्लसर्ज के साथ हुआ। कित्तूर उन दिनों मैसूर के उत्तर में एक छोटा स्वतंत्र राज्य था। परन्तु यह बड़ा संपन्न था। यहाँ हीरे-जवाहरात के बाज़ार लगा करते थे और दूर-दूर के व्यापारी आया करते थे।

चेन्नम्मा ने एक पुत्र को जन्म दिया, पर उसकी मृत्यु हो गई। कुछ दिन बाद राजा मल्लसर्ज भी चल बसे। तब उनकी बड़ी रानी रुद्रम्मा का पुत्र शिवलिंग रुद्रसर्ज गद्दी पर बैठा और चेन्नम्मा के सहयोग से राजकाज चलाने लगा। शिवलिंग के भी कोई संतान नहीं थी।

इसलिए उसने अपने एक संबंधी गुरुलिंग को गोद लिया और वसीयत लिख दी कि राज्य का काम चेन्नम्मा देखेगी। शिवलिंग की भी जल्दी मृत्यु हो गई।

अंग्रेजों की नजर इस छोटे परन्तु संपन्न राज्य कित्तूर पर बहुत दिन से लगी थी। अवसर मिलते ही उन्होंने गोद लिये पुत्र को उत्तराधिकारी मानने से इनकार कर दिया और वे राज्य को हड़पने की योजना बनाने लगे। आधा राज्य देने का लालच देकर उन्होंने राज्य के कुछ 8% भारत की महान स्वाधीनता सेनानी वीरांगनाएँ देशद्रोहियों को भी अपनी ओर मिला लिया। पर रानी चेन्नम्मा ने स्पष्ट उत्तर दिया कि उत्तराधिकारी का मामला हमारा अपना मामला है, अंग्रेजों का इससे कोई लेना-देना नहीं। साथ ही उसने अपनी जनता से कहा कि जब तक तुम्हारी रानी की नसों में रक्त की एक भी बूँद है, कित्तूर को कोई नहीं ले सकता।

रानी का उत्तर पाकर धारवाड़ के कलेक्टर थैकरे ने 500 सिपाहियों के साथ कित्तूर का किला घेर लिया। 23 सितंबर, 1824 का दिन था। किले के फाटक बंद थे। थैकरे ने दस मिनट के अंदर आत्मसमर्पण करने की चेतावनी दी।

इतने में अकस्मात किले के फाटक खुले और दो हज़ार देशभक्तों की अपनी सेना के साथ रानी चेन्नम्मा मर्दाने वेश में अंग्रेजों की सेना पर टूट पड़ी। थैकरे भाग गया। दो देशद्रोही को रानी चेन्नम्मा ने तलवार के घाट उतार दिया।

अंग्रेजों ने मद्रास और मुंबई से कुमुक मंगा कर 3 दिसंबर, 1824 को फिर कित्तूर का किला घेर डाला। परन्तु उन्हें कित्तूर के देशभक्तों के सामने फिर पीछे हटना पड़ा। दो दिन बाद वे फिर शक्तिसंचय करके आ धमके।

छोटे-से राज्य के लोग काफी बलिदान कर चुके थे। चेन्नम्मा के नेतृत्व में उन्होंने विदेशियों का फिर सामना किया, पर इस बार वे टिक नहीं सके। रानी चेन्नम्मा को अंग्रेजों ने बंदी बनाकर जेल में डाल दिया। उनके अनेक सहयोगियों को फाँसी दे दी। कित्तूर की मनमानी लूट हुई।

रानी चेन्नम्मा की मृत्यु कब हुई

रानी चेन्नम्मा की मृत्यु 21 फरवरी, 1829 ई. को जेल के अंदर ही इस वीरांगना (रानी चेन्नम्मा) का देहांत हो गया।

महारानी अहिल्या बाई होल्कर

अहिल्याबाई होल्कर (1725-1795) एक महान शासक थी और मालवा प्रांत की महारानी। लोग उन्हें राजमाता अहिल्यादेवी होल्कर नाम से भी जानते हैं और उनका जन्म महाराष्ट्र के चोंडी गांव में 1725 में हुआ था। उनके पिता मानकोजी शिंदे खुद धनगर समाज से थे, जो गांव के पाटिल की भूमिका निभाते थे।

उनके पिता ने अहिल्याबाई को पढ़ाया-लिखाया। अहिल्याबाई का जीवन भी बहुत साधारण तरीके से गुजर रहा था। लेकिन एकाएक भाग्य ने पलटी खाई और वह 18वीं सदी में मालवा प्रांत की रानी बन गईं।

युवा अहिल्यादेवी का चरित्र और सरलता ने मल्हार राव होल्कर को प्रभावित किया। वे पेशवा बाजीराव की सेना में एक कमांडर के तौर पर काम करते थे। उन्हें अहिल्या इतनी अच्छी लगी कि उन्होंने उनकी शादी अपने बेटे खांडे राव से करवा दी। इस तरह अहिल्या बाई एक दुल्हन के तौर पर मराठा समुदाय के होल्कर राजघराने में पहुंची। उनके पति की मौत 1754 में कुंभेर की लड़ाई में हो गई थी। ऐसे में अहिल्यादेवी पर जिम्मेदारी आ गई। उन्होंने अपने ससुर के कहने पर न केवल सैन्य मामलों में बल्कि प्रशासनिक मामलों में भी रुचि दिखाई और प्रभावी तरीके से उन्हें अंजाम दिया।

मल्हारराव के निधन के बाद उन्होंने पेशवाओं की गद्दी से आग्रह किया कि उन्हें क्षेत्र की प्रशासनिक बागडोर सौंपी जाए। मंजूरी मिलने के बाद 1766 में रानी अहिल्यादेवी मालवा की शासक बन गईं। उन्होंने तुकोजी होल्कर को सैन्य कमांडर बनाया। उन्हें उनकी राजसी सेना का पूरा सहयोग मिला। अहिल्याबाई ने कई युद्ध का नेतृत्व किया। वे एक साहसी योद्धा थी और बेहतरीन तीरंदाज। हाथी की पीठ पर चढ़कर लड़ती थी। हमेशा आक्रमण करने को तत्पर भील और गोंड्स से उन्होंने कई बरसों तक अपने राज्य को सुरक्षित रखा।

रानी अहिल्याबाई अपनी राजधानी महेश्वर ले गईं। वहां उन्होंने 18वीं सदी का बेहतरीन और आलीशान अहिल्या महल बनवाया। पवित्र नर्मदा नदी के किनारे बनाए गए इस महल के ईर्द-गिर्द बनी राजधानी की पहचान बनी टेक्सटाइल इंडस्ट्री। उस दौरान महेश्वर साहित्य, मूर्तिकला, संगीत और कला के क्षेत्र में एक गढ़ बन चुका था। मराठी कवि मोरोपंत, शाहिर अनंतफंडी और संस्कृत विद्वान खुलासी राम उनके कालखंड के महान व्यक्तित्व थे।

एक बुद्धिमान, तीक्ष्ण सोच और स्वस्फूर्त शासक के तौर पर अहिल्याबाई को याद किया जाता है। हर दिन वह अपनी प्रजा से बात करती थी। उनकी समस्याएं सुनती थी। उनके कालखंड (1767-1795) में रानी अहिल्याबाई ने ऐसे कई काम किए कि लोग आज भी उनका नाम लेते हैं। अपने साम्राज्य को उन्होंने समृद्ध बनाया। उन्होंने सरकारी पैसा बेहद बुद्धिमानी से कई किले, विश्राम गृह, कुएं और सड़कें बनवाने पर खर्च किया। वह लोगों के साथ त्योहार मनाती और हिंदू मंदिरों को दान देती।

एक महिला होने के नाते उन्होंने विधवा महिलाओं को अपने पति की संपत्ति को हासिल करने और बेटे को गोद लेने में मदद की। इंदौर को एक छोटे-से गांव से समृद्ध और सजीव शहर बनाने में अहम भूमिका निभाई। उन्होंने कई मंदिरों का जीर्णोद्धार किया। उनका सबसे यादगार काम रहा, तकरीबन सभी बड़े मंदिरों और तीर्थस्थलों पर निर्माण। हिमालय से लेकर दक्षिण भारत के कोने-कोने तक उन्होंने इस पर खूब पैसा खर्च किया। काशी, गया, सोमनाथ, अयोध्या, मथुरा, हरिद्वार, द्वारका, बद्रीनारायण, रामेश्वर और जगन्नाथ पुरी के ख्यात मंदिरों में उन्होंने खूब काम करवाए।

अहिल्याबाई होल्कर का चमत्कृत कर देने वाले और अलंकृत शासन 1795 में खत्म हुआ, जब उनका निधन हुआ।

उनकी महानता और सम्मान में भारत सरकार ने 25 अगस्त 1996 को उनकी याद में एक डाक टिकट जारी किया। इंदौर के नागरिकों ने 1996 में उनके नाम से एक पुरस्कार स्थापित किया। असाधारण कृतित्व के लिए यह पुरस्कार दिया जाता है। इसके पहले सम्मानित शख्सियत नानाजी देशमुख थे।

अहिल्या बाई होल्कर के बारे में तथ्य

1. पूरा नाम - अहिल्या बाई साहिबा होल्कर
2. जन्म - 31 मई, 1725, ग्राम चौंडी, जामखेड़, अहमदनगर, महाराष्ट्र, भारत
3. धर्म - हिंदू
4. उनके बारे में महारानी अहिल्या बाई होल्कर भारत में मालवा प्रांत की महारानी थी।
5. पति - खांडेराव होल्कर
6. पिता - मानकोजी शिंदे
7. घराना - होल्कर घराना
8. राज्याभिषेक - 11 दिसंबर 1767
9. शासन - 1 दिसंबर 1767 से 13 अगस्त 1795 तक
10. पूर्वज - मालेराव होल्कर
11. उत्तराधिकारी - तुकोजीराव होल्कर प्रथम
12. ससुर - मल्हार राव होल्कर
13. पति का निधन पति की मौत कुंभेर युद्ध के दौरान 1754 में हुई थी।

पन्ना धाय

यह एक ऐसी वीरांगना थी जिनका किसी राज परिवार से कोई संबंध नहीं था फिर भी त्याग और बलिदान की वजह से पन्ना धाय विश्व भर में प्रसिद्ध है। आपको बता दे की पन्ना धाय, राणा सांगा के पुत्र राणा उदयसिंह की धाय माँ थीं। पन्ना धाय का जन्म "माताजी की पांडोली" नामक गांव में हुआ था।

इनका पूरा नाम "पन्ना गुजरी" था लेकिन उदय सिंह को पालने के लिए इन्हें धाय की उपाधि दी गई। पन्ना धाय के पिता का नाम हरचंद हांकला था। वहीँ पन्नाधाय का एक पुत्र था जिसका नाम "चंदन" था।

इतिहास के अनुसार बताया जाता है की पृथ्वीराज का एक पुत्र हुआ उसका नाम बनवीर था। बनवीर दासी पुत्र था और बहुत महत्वकांक्षी था। 1536 ईसवी में बनवीर ने विक्रमादित्य की हत्या कर दी। लेकिन आगे बनवीर का अगला लक्ष्य उदय सिंह की हत्या करना था।

आपको बता दे की इस समय उदयसिंह की आयु मात्र 14 वर्ष थी। उदय सिंह पन्नाधाय की संरक्षण में था। पन्नाधाय ने माता कर्णावती को वचन दिया था कि वह हर परिस्थिति में उदय सिंह की रक्षा करेगी।

एक बार रात के समय में ऐसा शक हुआ की बनवीर उदय सिंह के पास आ सकता है और उन्हें मार सकता है। ये सब जानकार पन्नाधाय ने उदय सिंह के पलंग पर अपने पुत्र चन्दन को चद्दर डालकर सुला दिया।

फिर बनवीर वहां पहुँच ही जाता है और पन्नाधाय से पूंछता है की उदय सिंह कहाँ है तो वह जवाब देती है चन्दन की तरफ की वह वहां सो रहा है। इसके बाद हाथ में तलवार लिए बनवीर चन्दन के पलंग के पास जाता है और उसके टुकड़े-टुकड़े कर देता है। और बाहर निकलकर जश्न मनाने लगता है।

पन्नाधाय ने अपने बेटे की बलि देकर उदयसिंह को बचाया ही नहीं बल्कि मेवाड़ की राजगद्दी पर भी बिठाया था, ऐसी माता को बार-बार नमन। क्योंकि उन्होने अपने कर्तव्य-पूर्ति में अपने पुत्र का बलिदान देकर मेवाड़ राजवंश को बचाया था।

वैसे मेवाड़ के इतिहास में जिस गौरव के साथ प्रात: स्मरणीय महाराणा प्रताप को याद किया जाता है, उसी गौरव के साथ पन्ना धाय का नाम भी लिया जाता है, जिसने स्वामीभक्ति को सर्वोपरि मानते हुए अपने पुत्र चन्दन का बलिदान दे दिया था। इतिहास में पन्ना धाय का नाम स्वामिभक्ति के लिये प्रसिद्ध है।

पन्ना धाय को धाय माँ के नाम से भी जाना जाता है

(कुछ ऐसे भी पहलू है जिनको शब्दों में प्रस्तुत करना बहुत कठिन है)

कौन सी ऐसी माँ है जो अपने आगे अपने पुत्र को कटवा दे ऐसा साहस ऐसा बलिदान केवल एक ही है और वो माता पन्ना धाय जिनसे अपने पुत्र का बलिदान देकर राजस्थान और मेवाड़ वंश की रक्षा की।

वीर शिवाजी

शिवाजी भारतीय इतिहास के सबसे पराक्रमी योद्धा माने जाते हैं| निडरता और साहस की प्रतिमूर्ति वीर छत्रपति शिवाजी महाराज (Shivaji Maharaj) का जन्म 19 फरवरी, 1627 को शिवनेरी दुर्ग में हुआ था। शिवाजी के जन्म के समय सम्पूर्ण भारत में मुगलों का राज था। शिवाजी ही वो शख्स थे जिन्होंने औरंगजेब जैसे कूर शासक को नाकों चने चबवा दिए थे और मराठा साम्राज्य स्थापित किया था।

शिवाजी के पिता शाहजी भोंसले और माता जीजाबाई थीं। जीजाबाई बड़ी ही सुशील और विद्वान् महिला थीं और शिवाजी की प्रथम गुरु भी थीं। जीजाबाई बचपन से ही शिवाजी को वीरता की कहानियां सुनाया करती थीं। बचपन से ही शिवाजी रामायण, महाभारत और अन्य वीरता की किस्से सुनते आये थे। इस सब बातों का उनके जीवन पर बड़ा ही गहरा प्रभाव पड़ा।शिवाजी जब छोटे थे तभी माता जीजाबाई उनको खेल खेल में युद्ध लड़ना, तलवार चलाना सिखाया करतीं थीं यही कारण था कि बहुत कम उम्र में ही शिवाजी एक कुशल लड़ाके बन चुके थे।

मात्र 16 साल की आयु में शिवाजी ने पुणे के तोरण दुर्ग पर आक्रमण करके विजय प्राप्त की तभी से उनकी बहादुरी के जयकारे पूरे दक्षिण भारत में गूंजने लगे। शिवाजी की बढ़ती प्रतिष्ठा को देखकर मुगल शासक घबरा गए और बीजापुर के शासक आदिलशाह ने शिवाजी को बंदी बनाना चाहा लेकिन वो असफल रहा तब उसने शिवाजी के पिताजी को बधंक बना लिया।

शिवाजी ने अपनी कुशल नीतियों के दम पर आदिलशाह के महल में घुसकर अपने पिता को बाहर निकाला। इसके बाद आदिल शाह ने अपने सेनापति अफजल खान को शिवाजी का कटा सर लाने को कहा। तब अफजल खान ने धोके से सुलह करने की बात बोलकर शिवाजी को बुलाया और उन्हें गले लगाकर मारने का प्रयास किया।

शाहजी की मुक्ति की शर्तों के मुताबिक शिवाजी राजाने बीजापुर के क्षेत्रों पर आक्रमण तो नहीं किया पर उन्होंने दक्षिण-पश्चिम में अपनी शक्ति बढ़ाने की चेष्टा की। पर इस क्रम में जावली का राज्य बाधा का काम कर रहा था। यह राज्य सातारा के सुदूर उत्तर पश्चिम में वामा और कृष्णा नदी के बीच में स्थित था। यहाँ का राजा चन्द्रराव मोरे था जिसने ये जागीर शिवाजी से प्राप्त की थी। शिवाजी ने मोरे शासक चन्द्रराव को स्वराज में शमिल होने को कहा पर चन्द्रराव बीजापुर के सुल्तान के साथ मिल गया। सन् १६५६ में शिवाजी ने अपनी सेना लेकर जावली पर आक्रमण कर दिया। चन्द्रराव मोरे और उसके दोनों पुत्रों ने शिवाजी के साथ लड़ाई की पर अन्त में वे बन्दी बना लिए गए पर चन्द्रराव भाग गया। स्थानीय लोगों ने शिवाजी के इस कृत्य का विरोध किया पर वे विद्रोह को कुचलने में सफल रहे।

शिवाजी के बीजापुर तथा मुगल दोनों शत्रु थे। उस समय शहज़ादा औरंगजेब दक्कन का सूबेदार था। इसी समय १ नवम्बर १६५६ को बीजापुर के सुल्तान आदिलशाह की मृत्यु हो गई जिसके बाद बीजापुर में अराजकता का माहौल पैदा हो गया। इस स्थिति का लाभ उठाकर औरंगज़ेब ने बीजापुर पर आक्रमण कर दिया और शिवाजी ने औरंगजेब का साथ देने की बजाय उसपर धावा बोल दिया। उनकी सेना ने जुन्नार नगर पर आक्रमण कर ढेर सारी सम्पत्ति के साथ २०० घोड़े लूट

 ———————————————————— भारत का स्वर्णिम इतिहास

लिये। अहमदनगर से ७०० घोड़े, चार हाथी के अलावा उन्होंने गुण्डा तथा रेसिन के दुर्ग पर भी लूटपाट मचाई। इसके परिणामस्वरूप औरंगजेब शिवाजी से खफ़ा हो गया और मैत्री वार्ता समाप्त हो गई। शाहजहाँ के आदेश पर औरंगजेब ने बीजापुर के साथ सन्धि कर ली और इसी समय शाहजहाँ बीमार पड़ गया।

तोरण का दुर्ग पूना (पुणे) में हैं। शिवाजी महाराज ने सुल्तान आदिलशाह के पास अपना एक दूत भेजकर खबर भिजवाई की अगर आपको किला चाहिए तो अच्छी रकम देनी होगी, किले के साथ-साथ उनका क्षेत्र भी उनको सौपं दिया जायेगा। शिवाजी महाराज इतने तेज और चालाक थे की आदिलशाह के दरबारियों को पहले से ही खरीद लिया था।

शिवाजी जी के साम्राज्य विस्तार नीति की भनक जब आदिलशाह को मिली थी तब वह देखते रह गया। उसने शाहजी राजे को अपने पुत्र को नियंत्रण में रखने के लिये कहा लेकिन शिवाजी महाराज ने अपने पिता की परवाह किये बिना अपने पिता के क्षेत्र का प्रबन्ध अपने हाथों में ले लिया था और लगान देना भी बंद कर दिया था।

वे 1647 ई. तक चाकन से लेकर निरा तक के भू-भाग के भी मालिक बन चुके थें। अब शिवाजी महाराज ने पहाड़ी इलाकों से मैदानी इलाकों की और चलना शुरू कर दिया था। शिवाजी जी ने कोंकण और कोंकण के 9 अन्य दुर्गों पर अपना अधिकार जमा लिया था। शिवाजी महाराज को कई देशी और कई विदेशियों राजाओं के साथ-साथ युद्ध करना पड़ा था और सफल भी हुए थे।

शिवाजी का राज्याभिषेक रायगढ़ 1774

पश्चिमी महाराष्ट्र में स्वतंत्र हिन्दू राष्ट्र की स्थापना के बाद शिवाजी ने अपना राज्याभिषेक करना चाहा, परन्तु ब्राह्मणों ने उनका घोर विरोध किया। शिवाजी के निजी सचीव बालाजी आव जी ने इसे एक चुनौती के रूप में लिया और उन्होंने काशी में गंगाभ नामक ब्राहमण के पास तीन दूतो को भेजा, किन्तु गंगाभ ने प्रस्ताव ठुकरा दिया क्योकि शिवाजी क्षत्रिय नहीं थे। उसने कहा कि क्षत्रियता का प्रमाण लाओ तभी वह राज्याभिषेक करेगा। बालाजी आव जी ने शिवाजी का सम्बन्ध मेवाड़ के सिसोदिया वंश से समबंद्ध के प्रमाण भेजे जिससे संतुष्ट होकर वह रायगढ़ आया। किन्तु यहाँ आने के बाद जब उसने पुन जाँच पड़ताल की तो उसने प्रमाणों को गलत पाया और राज्याभिषेक से मना कर दिया। अंतत: मजबूर होकर उसे एक लाख रुपये के प्रलोभन दिया गया तब उसने 6 जून, 1674 को राज्याभिषेक किया। राज्याभिषेक के बाद भी पूना के ब्राह्मणों ने शिवाजी को राजा मानने से मना कर दिया। विवश होकर शिवाजी को अष्टप्रधान मंडल की स्थापना करनी पड़ी। विभिन्न राज्यों के दूतों, प्रतिनिधियों के अलावा विदेशी व्यापारियों को भी इस समारोह में आमंत्रित किया गया। शिवाजी ने छत्रपति की उपाधि ग्रहण की। काशी के पण्डित विशेश्वर जी भट्ट को इसमें विशेष रूप से आमंत्रित किया गया था। पर उनके राज्याभिषेक के 12 दिन बाद ही उनकी माता का देहांत हो गया। इस कारण से 4 अक्टूबर 1674 को दूसरी बार उनका राज्याभिषेक हुआ। दो बार हुए इस समारोह में लघभग 50 लाख रुपये खर्च हुए। इस समारोह में हिन्दू स्वराज की स्थापना का उद्घोष किया गया था। विजयनगर के पतन के बाद दक्षिण में यह पहला हिन्दू साम्राज्य था। एक स्वतंत्र शासक की तरह उन्होंने अपने नामका सिक्का चलवाया।

महाराणा प्रताप

अकबर की चढ़ाई के समय महाराणा प्रताप अपने प्राण अर्पण करने को पूर्ण रूप से तैयार थे। उनका यह दृढ़ निश्चय था कि वे अपने वंश के रक्त को विदेशियो के संसर्ग से कभी दूषित नहीं होने देंगे और उनका देश सदा स्वाधीन लोगों का निवास स्थान बना रहेगा।

लगभग 500 साल पहले, अकबर ने दिल्ली के सिंहासन पर मुगल सल्तनत के शासक के रूप में गद्दी संभाली। विस्तारवाद की नीति को अपनाते हुए अकबर ने पड़ोसी राज्यों को मुगल सल्तनत के झंडे के नीचे लाने की कोशिशे शुरू की और बहुत हद तक वह इसमें सफल भी हुआ। पूर्व पर विजय प्राप्त करने के बाद अकबर ने शपथ ली कि वह अपने पश्चिम अभियान में राजपूत रियासत के ऊपर मुगल ध्वज फहराएगा।

राजपूताने में पहली रियासत जिसने अकबर की बादशाहत स्वीकार की वह आमेर की रियासत थी।

जब बड़ी-बड़ी रियासतें स्वयं को गुलामी की बेड़ियों में बांधने में लगी हुई थी तो उस समय सिर्फ मेवाड़ ही पूर्ण स्वाभिमान के साथ पूरी दुनिया के सामने खड़ा था।

जब अकबर अपनी विस्तारवादी नीति को सफल बनाने की रणनीति पर काम कर रहा था, इस समय मेवाड़ के शासक महाराणा उदय सिंह थे जिन्हें अपने पूर्वजों की तरह किसी की भी अधीनता स्वीकार करना नामंजूर था। अकबर ने मेवाड़ से संधि करके उसे अपने अधीन करने की कोशिशें शुरू कर दी और अकबर ने उदय सिंह को संधि प्रस्ताव के लिए संदेश भिजवाना शुरू कर दिया।

इसके जवाब में महाराणा उदयसिंह ने अकबर को पत्र भिजवाया कि मेवाड़ के शासक तो सिर्फ एकलिंग जी भगवान हैं हम तो मात्र उनके ही अधीन रह सकते हैं। अकबर को महाराणा उदयसिंह से ऐसे उत्तर की आशा नहीं थी उसे लगा था कि वह अन्य रियासतों की तरह मेवाड़ को आसानी से अपने अधीन कर लेगा।

महाराणा उदयसिंह के जवाब के बाद अकबर ने मेवाड़ पर भारी दबाव बनाना शुरू कर दिया।

ऐसे ही तनाव की परिस्थितियों में दिन बीतते रहे। एक दिन 9 मई 1540 को महाराणा उदय सिंह की रानी जयवंता बाई ने एक पुत्र को जन्म दिया जिसका नाम इतिहास की पुस्तकों में स्वर्णिम अक्षरों में कुछ इस प्रकार लिखा जाना था "भारत का वीर योद्धा, स्वाभिमान के प्रतीक, मुगलों के काल, राजपूत कुलभूषण, मातृभूमि प्रेमी, स्वाधीनता प्रेमी, बजरंग सी भुजाओं वाले वीर शिरोमणि महाराणा प्रताप।"

उदय सिंह पुत्र को पाकर अत्यंत प्रसन्न थे। राजपूत सामंतों ने उदय सिंह जी से पूछा कुंवर जी का नाम क्या होगा, तब उदय सिंह ने धैर्य पूर्वक कहा "जिस तरह सूर्य अपनी चमक से पृथ्वी को रोशन करता है ठीक उसी तरह मेरा पुत्र अपनी वीरता और शौर्य के प्रताप से मेवाड़ धरती

को अपने पूर्वजों की भांति रोशन करेगा। अत: दुनिया इसे आज से कुंवर प्रताप सिंह सिसोदिया के नाम से जानेगी।"

महाराणा उदय सिंह की माता जयवंता बाई बचपन से ही भगवान कृष्ण की भक्त थी। वह महाराणा प्रताप को बचपन से ही भगवान कृष्ण के द्वारा दिए गए गीता उपदेश को रोज़ सुनाती थी और अधर्म को मिटाने के लिए धर्म के पथ पर चलकर कर्म करने की शिक्षा प्रदान करती थी।

महारानी जयवंता बाई कुंवर प्रताप को यह बात बताती थी कि किस तरह उनके दादा राणा सांगा ने शरीर पर 80 घाव होने के बावजूद मुगलों को अपनी तलवार की धार से अपने पैरों पर गिरने के लिए मजबूर कर दिया था। किस तरह उनके परदादा बप्पा रावल के शौर्य के डर से 400 सालों तक कोई भी मुगल आक्रमणकारी भारत की धरती पर आंख उठाने की हिम्मत नहीं कर पाया।

जब महाराणा प्रताप शिक्षा प्राप्त करने के लिए गुरुकुल में थे तब वह सुबह के समय गुरुकुल में शिक्षा प्राप्त करने के पश्चात दोपहर में भीलो की बस्तियों में जाकर तीर कमान और शस्त्र चलाने की शिक्षा प्राप्त करते थे और शाम के समय लोहारों की बस्तियों में जाकर शस्त्र बनाने की प्रक्रिया को ध्यानपूर्वक समझते थे।

महाराणा प्रताप को हथियार बनाना सीखना बहुत अच्छा लगता था। महाराणा प्रताप सामान्य जनता के बीच इस कदर घुल मिल गए थे कि उन्होंने महाराणा प्रताप को अपना भावी राजा मान लिया था। भील लोग महाराणा प्रताप को प्यार से कीका कहकर संबोधित करते थे।

कुंवर प्रताप अपने बचपन से ही साहसी और स्वाभिमानी थे। उनका शरीर अन्य बच्चों की तुलना में बहुत मजबूत था। उन्होंने 13 वर्ष की उम्र में ही अफ़गानीयों की बस्तियों पर गुलेल से हमला करना शुरू कर दिया था।

सभी को यह आभास होने लगा था कि कुंवर प्रताप के इन गुणों के कारण मेवाड़ के इतिहास को स्वर्णिम अक्षरों से लिखा जाएगा और हुआ भी यही।

उदय सिंह ने कई विवाह किए थे जिनसे उनको कुल 45 संताने थी।

महाराणा उदय सिंह की सबसे प्रिय रानी धीर बाई थी। इनको उदय सिंह अधिक प्रेम करते थे और ज्यादा महत्व देते थे। धीरबाई के कहने पर ही महाराणा उदय सिंह ने जगमाल को मेवाड़ का भावी राजा घोषित कर दिया था।

नियम के अनुसार जो सबसे बड़ा पुत्र होता है वही उत्तराधिकारी बनने का पात्र होता है परंतु महाराणा प्रताप को अपने पिता के निर्णय पर कोई दुख नहीं हुआ और उन्होंने इस निर्णय को सहर्ष स्वीकार किया।

परंतु राज्य की प्रजा और राजपूत सामंतो को यह निर्णय मंजूर नहीं था क्योंकि उन्हें महाराणा प्रताप की योग्यता अच्छी तरह पता थी।

धीरे धीरे महाराणा उदय सिंह का स्वास्थ्य बिगड़ने लगा और सन 1572 में उदय सिंह का स्वर्गवास हो गया। महाराणा उदय सिंह के अंतिम संस्कार में मेवाड़ की सामान्य प्रजा, मेवाड़ के सभी सामंत सरदार और महाराणा प्रताप उपस्थित थे परंतु इस दुख के समय में कुंवर जगमाल महल के अंदर राजगद्दी पर बैठने के लिए अपना राज्याभिषेक करवा रहा था।

अपने पिता महाराणा उदय सिंह के अंतिम दर्शन के लिए भी उपस्थित ना होने के कारण सभी सरदारों में क्रोध की ज्वाला भड़क उठी और उन्होंने गोगुंदा की पहाड़ियों के बीच मेवाड़ के असली और योग्य राजा श्री कुंवर प्रताप का राज्याभिषेक कर दिया।

सरदार रावत कृष्णदास चुंडावत ने एक तलवार महाराणा प्रताप की कमर में बांधी और यह घोषणा की कि आज से महाराणा प्रताप ही मेवाड़ के महाराणा है।

राजतिलक के बाद महाराणा प्रताप अपने राजपूत सामंत सरदारों के साथ कुंभलगढ़ दुर्ग की ओर रवाना हुए। महाराणा प्रताप के आने की खबर सुनकर छोटा भाई जगमाल भय के कारण अकबर की शरण में चला गया जिसके बाद 1573 में मेवाड़ की राजगद्दी पर राजपूत कुलभूषण महाराणा प्रताप का औपचारिक रूप से राजतिलक कर दिया गया।

आखिर महाराणा प्रताप को दुनिया ने हिंदुआ - सूरज या राजपूत कुलभूषण की संज्ञा क्यों दी?

मेवाड़ की राजगद्दी पर बैठने वाले महाराणा प्रताप अपने एक ही वार से शत्रु में भय पैदा कर देते थे। हल्दीघाटी युद्ध में महाराणा प्रताप द्वारा बहलोल खान को दो भागों में बांटना इसका सर्वश्रेष्ठ उदाहरण है।

महाराणा प्रताप भगवान शिव के परम भक्त थे। जब अन्य रियासतें मुगल सल्तनत के आगे घुटने टेक रही थी तब अकेला मेवाड़ ही अपनी स्वाधीनता के साथ मुगलों की आंखों में आंखें डाल कर स्वाभिमान के साथ खड़ा था।

महाराणा प्रताप का भाला 72 किलो का था तथा छाती के कवच का भार 81 किलो था इस तरह 208 किलो के भारी भरकम वजन के साथ जब वीर शिरोमणि महाराणा प्रताप युद्ध भूमि में निकलते थे, तो दुश्मन की आंखों में घबराहट और बेचैनी देखी जा सकती थी।

सिटी पैलेस, उदयपुर में रखा हुआ महाराणा प्रताप का असली कवच

हल्दीघाटी के भीषण युद्ध में विशाल मुगल सेना को महाराणा प्रताप ने पराजित किया।

(अगर आपने भी इतिहास की पुस्तकों में यह पढ़ा है कि महाराणा प्रताप को हल्दीघाटी युद्ध में पीछे हटना पड़ा था या उनकी हार हुई थी तो आपको यह आर्टिकल जरूर पढ़ना चाहिए - हल्दीघाटी युद्ध का आंखों देखा हाल और कौन जीता यह युद्ध)

दिवेर के युद्ध में भी मुगल सेना को महाराणा प्रताप घुटनों पर ले आए। अपनी छापामार युद्ध नीति से मेवाड़ के 85% प्रतिशत भाग को फिर से मुगलों से आजाद करवा कर केसरिया ध्वज फिर से मेवाड़ पर लहरा दिया।

महाराणा प्रताप और इनके वीर राजपूत योद्धाओं ने मुगलों से कई किलो को आजाद करवाया और लगभग 36 किलो पर अपना अधिकार कर लिया और सीमित संसाधन होने के बाद भी 40 हजार मुगलों को आत्मसमर्पण करने के लिए मजबूर कर दिया।

जिनके भाले की नोक से शत्रु कांपते थे जिनकी तलवार ने कभी हार का मुंह देखा नहीं।

महाराणा प्रताप के ऐसे ही व्यक्तित्व के कारण ही उन्हें हिंदुआ सूरज और राजपूत कुलभूषण की उपाधि दी गई है।

महाराणा प्रताप के राजगद्दी पर बैठने के समय मेवाड़ की आर्थिक स्थिति काफी खराब थी।

पिता उदय सिंह जी के समय मुगलों के साथ चलने वाले संघर्ष के कारण मेवाड़ की अर्थव्यवस्था बेहाल हो चुकी थी, और चित्तौड़ सहित मेवाड़ के अधिकांश भाग पर मुगल सल्तनत स्थापित हो चुकी थी।

और अकबर मेवाड़ के शेष बचे इलाकों पर भी अपना अधिकार करना चाहता था। अकबर मेवाड़ राज्य से होते हुए गुजरात राज्य तक व्यापारिक मार्ग बनाना चाहता था।

इसीलिए अकबर ने महाराणा प्रताप को प्रस्ताव दिया कि वो अकबर की अधीनता स्वीकार कर ले तथा उसे गुजरात राज्य तक व्यापारिक मार्ग का रास्ता दे।

कठिन परिस्थिति आगे देख कर महाराणा प्रताप ने राजा बनते ही अपने समस्त सामंत सरदारों को बुलाया और उनसे कहा कि -

"रघु कुल का मान सदैव ऊंचा रहेगा, मेवाड़ की छाती पर लहराता मुग़ल ध्वज मेरा कलेजा चीर देता हैं, बहुत जल्द हवाओं का रुख बदलेगा और मेवाड़ पर केसरिया ध्वज बड़ी शान से लहराएगा, मेवाड़ का भविष्य ज़रूर चमकेगा, मै प्रताप यह शपथ लेता हूं।

जब तक मैं अपनी मातृभूमि मेवाड़ को पूर्ण स्वतंत्र नहीं करवा लेता तब तक शांति से नहीं बैठूंगा। राजमहल में नहीं रहूंगा, पलंग पर नहीं सोऊंगा, सोने चांदी के बर्तनों में भोजन नहीं करूंगा। मेरे वीरो अब हमारा टकराव मुगल आक्रमणकारियों से होगा जिन्हे किसी भी हालत में अपनी मातृभूमि से हमें खदेड़ना है।"

इसके बाद सभी सरदारों ने अपनी तलवार लहराई और मातृभूमि को स्वतंत्र करवाने की शपथ ली।

राजगद्दी संभालने के बाद महाराणा प्रताप द्वारा अपनी सेना को तैयार करना

मेवाड़ की राजगद्दी पर बैठने के बाद आने वाली चुनौतियों को देखकर महाराणा प्रताप ने अपनी सेना को संगठित करना शुरू कर दिया था।

महाराणा प्रताप ने भीलो को अपने साथ जोड़ने के लिए उनके गांवों का दौरा किया और उन्हें अपने साथ जोड़ना शुरू किया।

दूसरी ओर लोहार समुदाय को हथियारों को बनाने का काम सौंपा गया, सरदारों को प्राचीन युद्ध करने का अभ्यास करवाया जाने लगा। इस प्रकार महाराणा प्रताप ने कुछ ही समय के अंदर एक शक्तिशाली सेना तैयार कर ली जो मुगलों को कड़ी टक्कर देने के लिए बिल्कुल तैयार थी।

महाराणा प्रताप द्वारा सेना निर्माण की खबर को जानकर अकबर की प्रतिक्रिया

जब अकबर को अपने गुप्तचरों के द्वारा यह सूचना मिली कि महाराणा प्रताप ने अपनी एक शक्तिशाली सेना खड़ी कर ली है तो अकबर ने महाराणा प्रताप को रोकने की तैयारियां आरंभ

कर दी तथा अकबर ने महाराणा प्रताप से अधीनता स्वीकार कराने के लिए अपने चार दूतो को मेवाड़ भेजा।

सबसे पहले अकबर ने अपने दरबार के सबसे चालाक दरबारी जलाल खान कोरची को महाराणा प्रताप के साथ संधि करने के लिए मेवाड़ भेजा।

महाराणा प्रताप ने जलाल खान कोरची की सभी बातें ध्यान पूर्वक सुनी परंतु महाराणा प्रताप अधीनता की बात कैसे स्वीकार कर सकते थे तो अंतत: जलाल खान कोरची को खाली हाथ लौटना पड़ा।

इसके लगभग अकबर ने आमेर के राजा मानसिंह को महाराणा प्रताप के पास भेजा। इस समय महाराणा प्रताप किसी महत्वपूर्ण कार्य के लिए उदयपुर में थे।

महाराणा प्रताप के उदयपुर में होने की सूचना सुनकर मानसिंह सीधा उदयपुर पहुंच गया।

महाराणा प्रताप ने मान सिंह को सभी तरह का सम्मान दिया तथा मान सिंह का एक अतिथि की तरह सत्कार किया।

मान सिंह का स्वागत करने के लिए महाराणा प्रताप उदयसागर झील तक आए और इस झील के सामने एक टीले पर मानसिंह के लिए दावत का प्रबंध किया गया।

जब भोजन तैयार हो गया तो मान सिंह को आमंत्रण भेजा गया और महाराणा प्रताप ने अपने पुत्र अमर सिंह को अतिथि का ध्यान रखने का निर्देश दिया परंतु महाराणा प्रताप भोजन करने नहीं आए।

जब मानसिंह ने महाराणा प्रताप की उपस्थिति के बारे में अमर सिंह से प्रश्न किया तो अमर सिंह ने जवाब दिया कि पिताजी के पेट में दर्द है इसलिए वह नहीं आ सकेंगे।

यह सुनते से ही मानसिंह बहुत क्रोधित हो गया और बोला कि मैं उनके पेट दर्द का कारण अच्छी तरह जानता हूं ऐसा कहते हुए मानसिंह ने भोजन करने से मना कर दिया।

जब महाराणा प्रताप को यह समाचार मिला तो उन्होंने यह संदेश भिजवाया कि जो राजपूत एक तुर्क के अधीन है उसके साथ भोजन करना मेरा और मेरे राज्य मेवाड़ का अपमान है।

महाराणा प्रताप का संदेश सुनकर मान सिंह उत्तर देने की स्थिति में नहीं था क्योंकि महाराणा प्रताप ने तो मानसिंह को निमंत्रण नहीं भेजा था वह तो अकबर के कहने पर संधि की बात करने के लिए आया था।

क्रोधित मानसिंह ने इसे अपना समझकर भोजन करने से मना कर दिया और कुछ चावल के कणों को देवताओं को अर्पित करने के बाद अपने घोड़े पर बैठ गया और कहा कि दिल्ली की मुगल सल्तनत को नजरअंदाज करना एक बड़े संघर्ष को चुनौती देने के समान है। अगर आप सबकी युद्ध में जाने की ही इच्छा है तो यह अवश्य पूरी होगी। इसके बाद मान सिंह ने अपनी आंखें दिखाकर सभी राजपूत सामंतों से कहा कि मैं तुम सब का अभिमान चूर कर दूंगा।

इसका जवाब देते हुए राजपूत सामंतो ने कहा कि हम प्रतीक्षा करेंगे।

अकबर के द्वारा युद्ध का ऐलान

महाराणा प्रताप द्वारा संधि प्रस्ताव को अस्वीकार करने के बाद अकबर ने क्रोधित होकर मानसिंह को 90 हजार की विशाल मुगल सेना का सेनापति घोषित कर दिया।

3 अप्रैल 1576 को मानसिंह मुग़ल सेना के साथ मेवाड़ अभियान के लिए निकल पड़ा तथा लगभग 2 महीने चलने के बाद अंततः मानसिंह खमनोर नाम के गांव में पहुंच गया।

महाराणा प्रताप को भी विशाल मुगल सेना का मेवाड़ की और बढ़ने का समाचार मिल चुका था। पहले से ही युद्ध के लिए तैयार बैठे महाराणा प्रताप ने अपनी सेना को युद्ध के लिए तैयार रहने का आदेश दिया क्योंकि वह जानते थे युद्ध तो होकर ही रहेगा।

इधर मानसिंह ने बनास नदी के पास मैदानों में अपना डेरा लगा लिया। दूसरी तरफ महाराणा प्रताप ने भी अपनी 20 हजार की सेना के साथ मुगल फौज से 6 मील की दूरी पर लोसिंग गांव में अपना पड़ाव डाल लिया।

मान सिंह के नेतृत्व वाली मुगल सेना के सामने महाराणा प्रताप की सेना में भील, पठान और वीर राजपूत योद्धा थे।

अंततः 18 जून 1576 को विश्व के सबसे भीषण युद्धों में से एक हल्दीघाटी युद्ध का प्रारंभ हुआ।

हल्दीघाटी का भीषण युद्ध

सुबह का समय था,आकाश में कुछ बादल थे जिन्होंने सूरज को ढक लिया था।

इसी बीच मुगल सेना ने आगे बढ़ना प्रारंभ कर दिया। इसके जवाब में महाराणा प्रताप ने अपने हरावल दस्ते को मुगल सेना पर टूट जाने का आदेश दिया।

महाराणा प्रताप के योद्धाओं ने मुगल सेना के तीन हरावल दस्तो को पूरी तरह से नष्ट कर दिया। यह बात स्वयं बदायूनी ने अपनी किताब में लिखी है। बदायूनी हल्दीघाटी युद्ध मैदान में मौजूद था। इस भयंकर हमले से घबराकर मुगल सेना का हरावल दस्ता लूणकरण के नेतृत्व में डरकर भाग निकला।

ठीक इसी समय वीर शिरोमणि, मेवाड़ मुकुट, हिंदुआ सूरज महाराणा प्रताप ने युद्ध भूमि में प्रवेश किया। महाराणा प्रताप के युद्ध भूमि में प्रवेश करते से ही उनकी सेना में और ज्यादा उत्साह का संचार हो गया दूसरी तरफ महाराणा प्रताप को देखकर मुगल सेना के सिर पर चिंता की लकीरें दिखने लगीं

मुगल सेना ने पहली बार महाराणा प्रताप को देखा था। इससे पहले उन्होंने महाराणा प्रताप का सिर्फ नाम ही सुना था। बदायूनी ने अपनी किताब में महाराणा प्रताप के संबंध में लिखा कि "महाराणा प्रताप बहुत लंबे मजबूत और शक्तिशाली थे। वे जब भी अपने हाथों में तलवार लेकर चलते थे तो ऐसा लगता था कि मानो आधी मुगल सेना को अकेले ही ले डूबेंगे, उनके चेहरे पर सदैव एक अलग तेज दिखता था।"

महाराणा प्रताप की सेना ने शुरुआत के 3 घंटों में ही मुगल सेना के हरावल दस्ते (जो सैनिक युद्ध भूमि में सबसे आगे रहते हैं उन्हें हरावल कहा जाता है) को पूरी तरह नष्ट कर दिया था।

डरी हुई मुगल सेना अपने बचाव के लिए अरावली की घाटियों की तरफ भागने लगी। सैनिकों को इस प्रकार भागते देख सेनापति मिहत्तर खान जोर जोर से चिल्लाने लगा और उत्साह दिलाने के लिए झूठी खबर फैला दी कि स्वयं अकबर विशाल सेना लेकर रणभूमि में आ रहे हैं।

यह घोषण सुनकर भागते मुगल सैनिकों में उत्साह आ गया और वो लड़ने को तैयार हो गए।

दूसरी तरफ महाराणा प्रताप की क्रोध से भरी आंखें मानसिंह को युद्ध भूमि में ढूंढ रही थी। महाराणा प्रताप के मन में यही बात चल रही थी कि एक राजपूत होकर मुगलों का साथ देकर अपनी ही मातृभूमि पर आक्रमण करने की हिम्मत मानसिंह में कैसे आ सकती है।

महाराणा प्रताप को मानसिंह कि वह बात भी याद आ रही थी जिसमें मान सिंह ने कहा था कि अगली मुलाकात युद्ध भूमि में होगी। इसी कारण महाराणा प्रताप मानसिंह को ढूंढने के लिए बेचैन थे।

अंततः महाराणा प्रताप विशाल मुगल सेना को चकमा देते हुए मानसिंह के हाथी के पास पहुंच ही गए। महाराणा प्रताप ने स्फूर्ति के साथ चेतक के पैरों को मानसिंह के हाथी के मस्तक पर टिका दिया और अपने भाले की सहायता से मानसिंह पर जोर से प्रहार किया।

परंतु मानसिंह की किस्मत अच्छी थी, महाराणा प्रताप के भाले के वार से बचने के लिए वह अपने हाथी पर लगे होंदे में छुप गया और वह बाल बाल बच गया

महाराणा प्रताप के करारे वार से मानसिंह तो बच गया परंतु उसका महावत मारा गया।

मानसिंह के हाथी की सूंड में एक तलवार लटकी हुई थी जिससे चेतक का अगला पैर कट गया। चेतक के साथ साथ महाराणा प्रताप का भी एक पैर चोटिल हो गया था और उनके शरीर पर बहुत से छोटे छोटे घाव हो गए थे जिनका महाराणा प्रताप को तनिक भी ध्यान नहीं था क्योंकि उनके दिल और दिमाग में यही बात चल रही थी कि मुगल सेना का विध्वंस कैसे करें।

तभी सादड़ी रियासत के झाला मानसिंह (जिनकी बहन का विवाह महाराणा प्रताप के साथ हुआ था) ने कहा कि आपके शरीर पर बहुत से घाव हो गए हैं और उनसे रक्त बह रहा है। इन घावों का तुरंत इलाज करना आवश्यक है। आप तुरंत वैद्य जी के पास जाएं।

परंतु महाराणा प्रताप ने युद्ध क्षेत्र से जाना नामंजूर कर दिया। तब झाला मानसिंह ने अपने हाथ जोड़कर विनती की और कहा –" हुकुम आप जीवित रहे तो मेरे जैसे सौ योद्धा तैयार हो जाएंगे परंतु आप जीवित नहीं रहे तो मेवाड़ की स्वाधीनता का सपना कभी पूरा नहीं हो पाएगा।"

महाराणा प्रताप ने गंभीरता पूर्वक झाला मानसिंह की बातें सुनी और उनकी विनती को स्वीकार किया।

इसके बाद झाला मानसिंह ने महाराणा प्रताप से मेवाड़ का राज छत्र ग्रहण किया। छत्र देने के बाद महाराणा प्रताप ने अपनी सेना को युद्ध का रुख पहाड़ों की तरफ मोड़ने का आदेश दिया। पहाड़ियों पर भीलों ने युद्ध का मोर्चा पहले ही संभाल रखा था।

 भारत का स्वर्णिम इतिहास

आदेश देने के बाद महाराणा प्रताप चेतक के साथ अरावली पर्वतों की ओर निकल पड़े जहां चेतक ने लगभग 26 फीट की गहरी खाई को कूद कर पार किया परंतु बलीचा गांव में जैसे ही चेतक अपने स्वामी के साथ पहुंचा, घायल चेतक नीचे गिरकर बेहोश हो गया।

ठीक इसी समय महाराणा प्रताप का छोटा भाई शक्ति सिंह जो मुगल सेना की तरफ से लड़ रहा था महाराणा प्रताप का पीछा करते हुए बलीचा गांव तक आ पहुंचा।

महाराणा प्रताप बहुत दुखी होकर बेहोश चेतक को सहला रहे थे कि तभी उनकी नज़रे शक्ति सिंह पर पड़ी। शक्ति सिंह को देखकर महाराणा प्रताप ने कहा

**"सीना खुल्या मार डाला.. तुम गोद गुलामी टीकन लगे।
भारत मां ते कह दूंगा...तेरे पुत्त दामन में बिकने दामन में।"**

महाराणा प्रताप के शब्दों को सुनकर शक्ति सिंह बहुत दुख हुआ और वह महाराणा प्रताप के सामने फूट-फूट कर रोने लगा और महाराणा प्रताप के पैरों में जा गिरा।

इधर हल्दीघाटी के मैदानों में अभी भी भीषण युद्ध चल रहा था।

हल्दीघाटी के मैदान में राणा पूंजा भील और राजपूत योद्धा मुगलों को कड़ी टक्कर दे रहे थे।

मुगल सेना का बहुत नुकसान होता देख अंततः मान सिंह ने अपनी सेना को हल्दीघाटी मैदान के दर्रो में भेजने की बजाय अजमेर की ओर प्रस्थान करने का आदेश दिया।

अकबर की विशाल, सभी तरह के साधनों से संपन्न सेना के अभिमान को महाराणा प्रताप की मेवाड़ी सेना ने मिट्टी में मिला दिया था।

जब अकबर की सेना के प्रमुख सेनापति मानसिंह और आसिफ खान पराजय के बाद खाली हाथ अकबर के सामने उपस्थित हुए तो क्रोध से भरे अकबर ने 3 महीने तक दोनों के मुगल दरबार में आने पर पाबंदी लगा दी। उनकी संपत्ति को ज़ब्त कर लिया गया और उन्हें मिलने वाले वेतन और सभी प्रकार की सुविधाओं पर रोक लगा दी।

हल्दीघाटी के भीषण युद्ध के बाद महाराणा प्रताप सेना के साथ कुंभलगढ़ दुर्ग में आ गए। विनाशकारी युद्ध के बाद पाला महाराणा प्रताप का ही भारी था परन्तु इस समय तक उनका खाजाना पूरी तरह खाली हो गया था।

हल्दीघाटी युद्ध के 4 महीने बाद ही अकबर ने एक बार फिर से शाहबाज खान के नेतृत्व में विशाल सेना को कुंभलगढ़ पर हमला करने के लिए भेज दिया।

हल्दीघाटी जैसे विनाशकारी युद्ध के बाद एक नया युद्ध लड़ना मेवाड़ की सेना के लिए आसान नहीं था। अतः महाराणा प्रताप को मज़बूरी में किले को त्याग करना पड़ा और इस प्रकार कुंभलगढ़ दुर्ग पर शाहबाज खान का अधिकार हो गया।

परंतु जिसका नाम महाराणा प्रताप हो वो ऐसे ही हार नहीं मान सकता। कुछ महीनों के बाद महाराणा प्रताप ने अपनी विशाल सेना और पूरी तैयारी के साथ शाहबाज खान पर आक्रमण करके कुंभलगढ़ दुर्ग को फिर से अपने अधिकार में ले लिया।

कुंभलगढ़ विजय के बाद महाराणा प्रताप की रणनीति एवं महाराणा प्रताप का विजय अभियान

कुंभलगढ़ पर विजय प्राप्त के पश्चात महाराणा प्रताप ने आगे की रणनीति पर विचार करने के लिए सभी राजपूत सरदारों को बुलवाया। जहां सभी सरदारों ने यह सुझाव दिया वर्तमान में हमें आगे के संघर्ष को जारी रखने के लिए धन की आवश्यकता है अत: हमें सिंध की तरफ जाना चाहिए और वहां से पर्याप्त धन एकत्रित करने के बाद पुन: विशाल सेना का निर्माण किया जाएगा और अकबर पर सीधा आक्रमण किया जाएगा।

इसी उद्देश्य से महाराणा प्रताप ने कुंभलगढ़ दुर्ग की सुरक्षा के लिए भान सोनगरा को कुंभलगढ़ का किलेदार नियुक्त किया तथा अपने सामंतों के साथ गुजरात की तरफ निकल गए।

जब महाराणा प्रताप के सिंध की ओर जाने की सूचना शाहबाज खान को लगी तो उसने दो बार महाराणा प्रताप पर आक्रमण करने की कोशिश की परंतु वह असफल रहा और उसे वापस लौटना पड़ा।

शाहबाज खान के आक्रमण को असफल करने के बाद महाराणा प्रताप गुजरात के चूलिया गांव में पहुंचे और वहां विश्राम करने के लिए डेरा लगाया। गुजरात के इसी चूलिया गांव में परम दानवीर भामाशाह ने महाराणा प्रताप को 25 लाख की सहायता प्रदान की।

इतनबड़ी धनराशि को पाकर महाराणा प्रताप ने भामाशाह का आभार माना और उन्हें प्रेम पूर्वक गले लगा लिया।

भामाशाह द्वारा मिली सहायता से महाराणा प्रताप ने अपनी सेना को फिर से संगठित किया और मुगलों के विरूद्ध एक नए संघर्ष की शुरुआत की।

अपनी सेना को संगठित करने के बाद महाराणा प्रताप ने सन् 1582 में मुगलों द्वारा दिवेर के दर्रों में स्थापित किए गए मुगल थानों पर भीषण आक्रमण किया।

इसी युद्ध में महाराणा प्रताप के पुत्र अमर सिंह ने अकबर के चाचा सुल्तान खान पर अपने भाले से ऐसा प्रहार किया कि सुल्तान खान अपने घोड़े सहित जमीन में जा गड़ा।

यहां पर महाराणा प्रताप का एक मानवीय रूप भी सामने आया जब दर्द से परेशान सुल्तान खान को महाराणा प्रताप ने अपने हाथो से गंगाजल पिलाया।

महाराजा क्षत्रसाल

महाराजा छत्रसाल उर्फ़ छत्रसाल बुंदेला मध्य युगीन महा प्रतापी राजपूत योद्धा थे। जिन्होंने मुग़ल शासक औरंगजेब को परास्त कर बुन्देलखण्ड को विजित किया और बुन्देलखण्ड में अपनी सत्ता स्थापित कर महाराजा की उपाधि धारण की।

बुंदेलखंड में कई गौरवशाली शासक हुए हैं। चंपरटिया के पुत्र छत्रशाला, जो बुंदेला राज्य के संस्थापक थे, महान शूरवीर और प्रतापी राजा थे।

महाराजा छत्रसाल का जीवन मुगलों की सत्ता और बुंदेलखंड की आजादी के खिलाफ संघर्ष के लिए लड़ा गया था। महाराजा छत्रसाल अपने जीवन के अंत तक आक्रमणों से जूझते रहे।

महाराजा छत्रसाल का सारा जीवन मुग़लों से संघर्ष में बीता

हम बुंदेलखंड या इसके प्रसिद्ध 17 वीं शताब्दी सीई शासक राजा छत्रसाल बुंदेला के बारे में बहुत कम जानते हैं, जिन्होंने इस भूमि को मुगलों से वापस जीत लिया और यहां एक राज्य स्थापित किया।

आपने उनकी बेटी मस्तानी के बारे में सुना होगा, जिसे मराठा पेशवा, बाजीराव प्रथम के साथ अपने रोमांस का जश्न मनाते हुए 2015 की फिल्म से प्रसिद्ध किया गया था। लेकिन छत्रसाल इस क्षेत्र के इतिहास में और भी अधिक प्रसिद्ध व्यक्ति हैं।

बुंदेलखंड क्षेत्र, जो उत्तर प्रदेश और मध्य प्रदेश के बीच विंध्य पहाड़ों के साथ स्थित है, कभी चंदेल वंश का राज्य था, जिसने 9वीं और 13 वीं शताब्दी के बीच इस क्षेत्र पर शासन किया था।

चंदेलों ने एक चिरस्थायी विरासत छोड़ी, जिनमें से सबसे प्रमुख उनकी राजधानी खजुराहो में मंदिर हैं, साथ ही कालिंजर और महोबा के किले भी हैं। 13वीं शताब्दी में चंदेल साम्राज्य के पतन के बाद, दिल्ली सल्तनत की सेनाओं के लगातार आक्रमणों के कारण, यह क्षेत्र कई छोटे राज्यों में विभाजित हो गया, जिनमें से कई पर बुंदेला सरदारों का शासन था।

बुंदेलों ने अपनी कहानी हेम करण नामक एक पौराणिक योद्धा के रूप में एक किंवदंती के रूप में खोजी, जिसने एक बार देवी विंध्यवासिनी (इलाहाबाद के पास) को खुश करने के लिए घोर तपस्या की थी।

ऐसा कहा जाता है कि कई प्रयासों के बावजूद जब उन्हें देवी से कोई प्रतिक्रिया नहीं मिली, तो उन्होंने खुद को उनके चरणों में बलिदान करने का फैसला किया।

जैसे ही उनके खून की पहली बूंद या वरदान जमीन पर गिरा, देवी विंध्यवासिनी उनके सामने प्रकट हुईं और उन्हें वरदान दिया कि वे और उनके वंशज राजा होंगे।- कबीले का नाम 'बुंदेला' हिंदी में 'बूंद' या 'खून की बूंद' से बना है!

17वीं शताब्दी में विभिन्न बुंदेला प्रमुखों ने मुगल साम्राज्य के विस्तार में महत्वपूर्ण भूमिका निभाई। उनमें से सबसे प्रमुख बीर सिंह देव बुंदेला थे, जिन्होंने बादशाह अकबर के विश्वासपात्र और जीवनी लेखक अबुल फजल की हत्या कर दी और मुग़ल शासक जहाँगीर के राज्य को विस्तार करने में मदद की।

बीर सिंह देव के वफादार अधिकारियों में से एक चंपत राय बुंदेला (महाराजा छत्रसाल के पिता) नाम का एक व्यक्ति था, जो और भी महत्वाकांक्षी था और अपना खुद का राज्य बनाने का सपना देखता था। जब तक शाहजहाँ मुगल सिंहासन पर था, चंपत राय अपनी सेना के खिलाफ गुरिल्ला युद्ध का उपयोग कर रहा था।

बीर सिंह देव बुंदेला

शाहजहाँ के पुत्रों के बीच उत्तराधिकार की लड़ाई के दौरान एक अवसर आया। चंपत राय ने विजेता पक्ष चुना और 1658 में अपने भाई दारा शिकोह के खिलाफ औरंगजेब की जीत में बहुत महत्वपूर्ण भूमिका निभाई।

हालांकि, उन्हें जल्द ही एहसास हुआ कि उन्होंने कितनी भयानक गलती की थी, और औरंगजेब के खिलाफ विद्रोह कर दिया, जिसने बदले में उन्हें 1661 सीई में मार डाला था।

अफसोस की बात है कि छत्रसाल पर बहुत कम ऐतिहासिक रिकॉर्ड हैं। इतिहासकार डॉ भगवानदास गुप्ता की पुस्तक द लाइफ एंड टाइम्स ऑफ महाराजा छत्रसाल बुंदेला (1980) सबसे आधिकारिक खाता है

आज से 400 साल पहले दिल्ली की सल्तनत पर मुग़लों का परचम लहरा रहा था। इस समय औरंगजेब आलमगीर इस सल्तनत का बादशाह था जिसका मंसूबा सम्पूर्ण भारत को फतह करने का था।

हिन्द की पावन धरा इस सुल्तान की कूरता से त्राहिमाम हो चुकी थी हर तरफ मृत्यु के नगाड़े बज रहे थे। तभी मध्य भारत से मुग़ल सत्ता के विरुद्ध विद्रोह का शंख फूक दिया गया। महाराजा चम्पतराय के कुशल नेतृत्व में मुग़लों के खिलाफ युद्ध का ऐलान कर दिया गया।

दोनों सेनाओं में भयंकर युद्ध हुआ। इस युद्ध में औरंगजेब ने महाराजा चम्पतराय की पूरी जागीर और खजाने पर कब्ज़ा कर लिया। घोर रात्रि में महाराजा चम्पतराय अपने परिवार सहित विंध्य पर्वत के वनो में चले गए। और मुग़लों के खिलाफ वन वासियों की सेना तैयार की। इस वक़्त पूरा बुन्देलखण्ड रक्त से लाल था।

हर तरफ भय और मौत का तांडव चल रहा था। और यही समय था जब चम्पतराय की पत्नी लाल कुंवरी ने बुन्देलखण्ड के उस वीर योद्धा छत्रसाल बुन्देला (4 मई 1649) को जन्म दिया जिसने मुग़लों की ईट से ईट बजा दी।

बुन्देलखण्ड के इस महावीर को बुन्देलखण्ड केसरी के नाम से भी जाना जाता है।वनभूमि की गोद में जन्मे, वनों की छांव में पले-बढ़े वनराज के इस योद्धा का जन्म तोप, तलवार और रक्त प्रवाह के बीच हुआ था।

खून खराबे और भयंकर मार-काट के बीच जन्मे छत्रसाल का बचपन घास की रोटियां खाते हुए बीता। कई राते भूखे पेट जमीन पर सो कर गुजारी। तोप, तलवारों तथा मुग़लों से परिचय तो उस नन्हे बालक का बचपन में ही हो गया था। परन्तु मुग़ल कही उनके पुत्र को मार न दे इस भय से महाराजा चम्पतराय और उनकी पत्नी ने नन्हे छत्रसाल को अपने गुरु पंडित नरहरि के पास वृन्दावन भेज दिया।

पुत्र को भेजने के पश्चात् चम्पतराय ने एक बार फिर महादेव को याद करते हुए बुन्देलखण्ड की आजादी के लिए मुग़लों के विरुद्ध युद्ध छेड़ दिया।

इस युद्ध में महाराजा चम्पतराय ने अद्भुत शौर्य दिखाया तथा माता लाल कुंवारी रणचंडी बन मुग़लों पर टूट पड़ी। उनकी लाल प्रचंड आँखों ने इतना कहर बरपाया मानो स्वयं माता भवानी युद्ध में अवतरित हो गयी हों। परन्तु लगभग संध्या तक मुग़ल सेना ने सबकुछ तहस नहस कर दिया।

राजा-रानी को कैद करने आगे बढ़ी। इस दृश्य को देख कर राजा चम्पतराय तथा माता लाल कुंवरी ने आत्म बलिदान दे दिया।

माता-पिता की मृत्यु के समय छत्रसाल मात्र 12 वर्ष के थे। अपने माता-पिता की मृत्यु की खबर सुनते ही छत्रसाल के सीने में रक्त का ज्वार फूट पड़ा। प्रतिघात की ज्वाला हृदय में संजोते हुए उन्होंने बुन्देलखण्ड की तरफ कूँच कर दिया। वर्ष 1661 में छत्रसाल बुन्देला पुन: बुन्देलखण्ड आये। परन्तु वह जाये कहाँ उनके घर तथा जागीरों पर तो औरंगजेब ने कब्ज़ा कर रखा था। न घर था न ही माता-पिता।

महाराजा छत्रसाल का विवाह

15 वर्ष की आयु में उनके मामा ने छत्रसाल का विवाह परमार वंश की कन्या देवकुंअरि से करा दिया। यहाँ से छत्रसाल ने अपने जीवन के सफर में आगे बढ़ना शुरू किया और जयपुर जाकर राजा जयसिंह की सेना में भर्ती हो गए।

महाराजा छत्रसाल के गुरु

महाराजा छत्रसाल प्राण नाथजी के शिष्य थे और उन्होंने उन्हें अपने गुरु के रूप में स्वीकार किया और प्रणामी धर्म को स्वीकार किया।

वह स्वामी प्राण नाथजी थे जिन्होंने पन्ना की हीरे की खदानों के बारे में एक महान मध्ययुगीन योद्धा राजा छत्रसाल बुंदेला को बताया और इस तरह उनकी वित्तीय स्थिति को मजबूत किया।

उन्होंने महाराजा छत्रसाल को पन्ना को अपनी राजधानी बनाने के लिए भी राजी किया और वहां उनके राज्याभिषेक की व्यवस्था की।

महाराजा छत्रसाल का एक योद्धा के रूप में जीवन

वर्ष 1664 में औरंगजेब ने राजा जयसिंह को दक्षिण विजय का कार्य सौंपा। और मई 1665 में बीजापुर की विशाल सेना से युद्ध हुआ। इस युद्ध में छत्रसाल को अपनी बहादुरी दिखाने का पहला अवसर मिला।

रणभूमि में इस बुंदेली ने शौर्य का वो परिचय दिया की जयसिंह की आँखे फटी की फटी रह गईं। जहाँ जयसिंघ के बड़े-बड़े योद्धा इस युद्ध में मारे गए, वहीं उनका एक सैनिक छत्रसाल भयानक प्रकोप बन शत्रुओं के विनाश पर उतर आया। उसने बीजापुर पर अपनी विजय का ध्वज लहराया।

जब जीत का परचम लहराते हुए ये सेना औरंगजेब के सामने हाजिर हुई तो आमेर के राजा जयसिंह ने इस जीत का सेहरा अपने वीर सैनिक महाराजा छत्रसाल बुंदेला को पहनाना चाहा।

परन्तु भरी सभा में औरंगजेब ने इस जीत का श्रेय मुग़ल सिपेसलाहकार को दिया। छत्रसाल ने मुग़लों की बदनीयत समझ जयसिंह की सेना छोड़ दी।

जिस समय उधर औरंगजेब हिन्द धरा पर कहर बरपा रहा था। उसी समय हिन्द धरा पर छत्रपति शिवाजी की धमक कायम हो रही थी। उन्होंने दक्षिण भारत में मुग़लों से टक्कर लेने के लिए एक विशाल साम्राज्य खड़ा कर दिया था।

ऐसे में महाराजा छत्रसाल शिवाजी से मिलने दिल्ली से सीधे पुणे की तरफ निकले। परन्तु शिवाजी से मिलना तो दूर उनके इलाके में घुसना भी आसान नहीं था। लेकिन छत्रसाल हर मुश्किल को पार कर शिवजी के पास पहुंचे। महाराज शिवाजी ने छत्रसाल से कहा।

वर्ष 1670 में छत्रसाल, शिवाजी से गुरु मन्त्र लेकर पुन: वापस बुन्देलखण्ड आये। परन्तु छत्रसाल के पास न सेना थी और न ही धन। बुन्देलखण्ड की अधिकांश रियासतें भी मुग़लों की मनसबदार बन गए थे। कही से कोई मदद न मिलने पर उन्होंने अपने गहने बेचकर पांच घुड़सवारों और 25 सैनिकों की एक सेना बनाई।साल 1675 में, महाराजा छत्रसाल अपने स्थानीय गोंड प्रमुख को हराकर पन्ना (वर्तमान मध्य प्रदेश में) के जंगलों में एक राज्य स्थापित करने में कामयाब रहा।

1678 से, औरंगजेब ने हिंदुओं के खिलाफ दमन की नीति लागू की, जैसे जजिया कर लगाना और प्रमुख मंदिरों को तोड़ना। मुगल साम्राज्य में फैले विद्रोहों की एक श्रृंखला का लाभ उठाते हुए, छत्रसाल ने ग्वालियर, कालिंजर और काल जैसे मुगल किलों पर हमले शुरू किए।

छत्रसाल ने सबसे पहला हमला अपने माता-पिता के साथ गद्दारी करने वाले सेहरा धंदेरा के राज्य पर किया। यहाँ से छत्रसाल को विजय के साथ-साथ बहुत बड़ा खजाना भी हाँथ लगा।

इस खजाने से छत्रसाल ने अपनी सेना का विस्तार किया। इसके बाद छत्रसाल ने महोनी, मेहेर और पवाया को मिलाकर 12 मुग़ल ठिकानो को अपने अधिकार में कर लिया।

मजह दो वर्ष में ही वीर छत्रसाल बुंदेला ने ग्वालियर के किले पर चढ़ाई की। इसके बाद उन्होंने नरवर कोही अपने अधिकार में कर लिया। ग्वालियर को जितने के पश्चात् छत्रसाल बुन्देला सीधे औरंगजेब के निशाने पर आ गए।

महाराजा छत्रसाल का औरंगजेब से युद्ध

सन् 1671 में औरंगजेब ने रणदूलह के नेतृत्व में 30 हज़ार की सेना छत्रसाल को पराजित करने के लिए भेजी। दोनों सेनाओं में घमासान युद्ध हुआ। छत्रसाल के नेतृत्व में एक-एक बुंदेली ने मुग़लों को तहस-नहस कर डाला। बचे सारे मुग़ल जान बचाकर दिल्ली भाग गए।

वर्ष 1671 से 1680 तक छत्रसाल ने चित्रकूट से ग्वालियर तक और काल्पी से गढ़कोटा तक की भूमि पर अपना प्रभुत्व जमा लिया था।

महाराजा छत्रसाल की संत प्राणनाथ से मुलाकात

1683 में, बुंदेलखंड के छतरपुर के जंगलों में, छत्रसाल की मुलाकात हिंदू धर्म के प्रणामी संप्रदाय के आध्यात्मिक प्रमुख संत प्राणनाथ नामक एक ऋषि से हुई, जिसके गुजरात और

बुंदेलखंड में कई अनुयायी थे। ऋषि छत्रसाल के आध्यात्मिक गुरु बनने के लिए सहमत हो गए और 1694 में उनकी मृत्यु तक बुंदेलखंड में रहे।

यह संत प्राणनाथ ही हैं जिन्होंने छत्रसाल को शाही वैधता प्रदान करते हुए 'महाराजा' की उपाधि प्रदान की थी। स्थानीय लोककथाओं के अनुसार, उन्होंने छत्रसाल को वरदान दिया था कि 'हीरे हमेशा आपके राज्य में पाए जाएं', जिससे प्रसिद्ध पन्ना हीरे की खदानों की खोज हुई! बुंदेलखंड में आज भी संत प्राणनाथ की पूजा की जाती है।

औरंगजेब की मृत्यु एवं मुगल साम्राज्य के पतन की शुरुआत

औरंगजेब दक्कन में मराठों के खिलाफ युद्ध लड़ने में इतना व्यस्त था कि उसने राजा छत्रसाल पर ध्यान नहीं दिया। 1700 में, मुगलों ने उसे अपने अधीन करने के लिए कई प्रयास किए लेकिन वे हार गए। 1707 में औरंगजेब की मृत्यु के बाद मुगल साम्राज्य का पतन शुरू हो गया।

विक्रम संवत 1744 में गुरु प्राणनाथ द्वारा वीर छत्रसाल बुंदेला का राज्याभिषेक किया गया। चारों ओर की अराजकता ने छत्रसाल को शांति से शासन करने में सक्षम बनाया। उन्होंने मुगल सम्राट फरुखसियर के साथ अपने बढ़िया संबंधों का आनंद लिया।

वर्ष 1707 औरंगजेब की मृत्यु तक छत्रसाल बुंदेला ने सम्पूर्ण बुन्देलखण्ड को आजाद करा लिया। बुंदेली धरा से मुग़लों का नामोनिशान मिटा दिया गया।

महाराजा छत्रसाल का इलाहबाद के नवाब बंगस से टकराव

1719 में, मुहम्मद शाह 'रंगीला' मुगल सम्राट बने। उनके प्रधान मंत्री कमरुद्दीन खान, जो हैदराबाद के पहले निजाम बने, छत्रसाल के घोर विरोधी थे। उनकी सलाह पर, सम्राट ने इलाहाबाद के मुगल गवर्नर मुहम्मद खान बंगश को छत्रसाल के खिलाफ मार्च करने का आदेश दिया, जिससे 1720 और 1729 के बीच बंगश-बुंदेला युद्ध हुआ।

छत्रसाल का पूरा वंश और साम्राज्य दाव पर लग गया। बंगस एक एक कर छत्रसाल के किलों पर मुग़लिया परचम फहराता जा रहा था।

बाजीराव पेशवा से मदद की गुहार लगाना

इस वक़्त राजा छत्रसाल 80 वर्ष के हो चुके थे। और अपने समय में दो बार बंगस को पराजित कर चुके थे। परन्तु अब वृद्ध हो चले उन हांथो में वो जान नहीं रह गई थी।

इसी कारण राजा छत्रसाल ने बाजीराव पेशवा को शिवजी महाराज का वादा याद दिलाते हुए पत्र लिखा। इस पत्र को पढ़ते ही बाजीराव पेशवा ने विशाल सेना के साथ 30 मार्च 1729 को बुन्देलखण्ड की तरफ कूंच कर दी।

महाराजा छत्रसाल का 20 दिसंबर 1731 को 82 वर्ष की आयु में निधन हो गया। अपने जीवनकाल में, उन्होंने भारत में असाधारण परिवर्तन देखे थे, उन्होंने मुगलों को शाहजहाँ के अधीन अपनी ऊंचाई पर और मुहम्मद शाह रंगीला के साथ उनके पतन को देखा।उन्होंने बुंदेलखंड में आजादी की लौ भी जलाई थी।

राजा छत्रसाल की मृत्यु के बाद, उनका राज्य उनके पुत्रों में विभाजित हो गया, जिससे पन्ना, अजयगढ़ और चरकरी की रियासतें पैदा हुईं, जो 1947 में भारत में विलय हो गईं।

महाराजा छत्रसाल की समाधि

महाराज छत्रसाल की समाधि 18 वीं शताब्दी ईस्वी में बनायीं गयी थी और यह मध्य प्रदेश के छतरपुर जिले के धुबेला में स्थित है। इसका द्वार धनुषाकार और सुशोभित है। इसका निर्माण पत्थर की ईंटों और चूने से हुआ था।

महाराजा छत्रसाल का किला

महाराजा छत्रसाल का किला छतरपुर – झांसी राजमार्ग पर, मध्य प्रदेश, भारत के छतरपुर जिले में धुबेला के एक पुराने महल में स्थित है जिसे अब एक संग्रहालय बना दिया गया है। इस किले की स्थापना सितंबर 1955 में छत्रसाल द्वारा अपने निवास के लिए बनाए गए महल में की गई थी।

यहां सड़कें, कॉलेज और यहां तक कि राजा छत्रसाल के नाम पर एक विश्वविद्यालय भी है। कुश्ती के लिए मशहूर एक प्रमुख स्टेडियम को उत्तरी दिल्ली में 'छत्रसाल स्टेडियम' कहा जाता है। महाराष्ट्र में छत्रपति शिवाजी की तरह, राजा छत्रसाल बुंदेलखंड की पहचान के प्रतीक हैं, एक मध्ययुगीन नायक जो आज भी इस क्षेत्र के युवाओं को प्रेरित करता है।

तानाजी

भारत का इतिहास जो इस धरती पर जन्मे शूरवीर योद्धाओं के लिए जाना जाता है। भारत के इतिहास में महाराणा प्रताप से लेकर क्षत्रपति शिवाजी समेत कई योद्धा हुए जो अपनी मातृभूमि की रक्षा के लिए अपनी अंतिम सांस तक लड़े आज हम इतिहास के उन वीरो की शहादत भूल रहें है। इन्हीं योद्धाओं में एक योद्धा जन्में थे तानाजी मालुसरे। तानाजी मालुसरे मराठा साम्राज्य में एक सेनापति थें। आज जब भी मराठा साम्राज्य का उल्लेख होता है तो सब के सामने शिवाजी महाराज का ही नाम आता है। लेकिन दोस्तो वो तानाजी मालुसरे ही थें जिनके सहयोग से शिवाजी ने मुगलों के समय के सबसे मजबूत सिंहगढ़ पर विजय हासिल की थी।

हम तानाजी के जीवन का संक्षिप्त परिचय निकाले तो वो एक सच्चें मराठा कोली सरदार थें। तानाजी को शिवाजी के बचपन की दोस्ती व अपने कार्य के प्रति कर्तव्यनिष्ठा के लिए जाना जाता है। मराठा सम्राज्य में तानाजी शिवाजी की विदेशी गुलामी मुक्त भारत बनाने में सूबेदार की भूमिका में थें।

महाराजा शिवजी के बचपन के दोस्त व मराठा सम्राज्य के सबसे विश्वसनीय योद्धा तानाजी मालुसरे का जन्म 1600 ईसवी में महाराष्ट्र के सतारा जिले के एक छोटे से गांव गोदोली (जवाली तालुका) में हुआ था। तानाजी का जन्म एक हिंदू कोली परिवार में हुआ था। तानाजी के पिता का नाम सरदार कलोजी व माता का नाम पार्वतीबाई था। तानाजी को बचपन से ही तलवारबाजी का अत्याधिक शौक था। यही वजह रही की उनकी मित्रता शाहजी पुत्र शिवाजी से हो गई। शिवाजी ने आगे चलकर अपने साम्राज्य में तानाजी की कुशलता को देखकर अपनी सेना का सेनापती व मराठा साम्राज्य का मुख्य सुबेदार नियुक्त कर दिया।

तानाजी के जीवन में सबसे महत्वपूर्ण युद्धों में एक युद्ध था सिंहगढ़ का युद्ध (कोढ़ाणा) यह युद्ध 1670 में मराठा साम्राज्य व मुगलो के बीच लड़ा गया। जब इस युद्ध की शुरुआत होने वाली तब तानाजी अपनी पुत्री के विवाह में व्यस्त थें। विवाह के बीच ही जब उनके पास मराठा साम्राज्य से इस युद्ध की जानकारी मिली तब वो उसी क्षण अपने मामा शेलार मामा के साथ इस युद्ध में मराठा सेना को मजबूती देने निकल जाते है। वहीं मराठा सम्राठ शिवाजी हर हालात में इस किले को एक बार पुन: हासिल करना चाहते थें। युद्ध की शुरुआत से पहले शिवाजी महाराज तानाजी को कहते है की " कोढ़ाणा किले को मुगलो की कैद से मुक्त कराना अब उनकी इज्जत बन गया है। यदि हम इस किले को हासिल नहीं कर पाएं तो आने वाली पीढ़ियां उन पर हंसेगी की हम हिंदू अपना घर भी मुगलो से मुक्त नहीं करा पाएं। जब यह बात तानाजी ने सुनी तभी उन्होंने कसम खाई की अब उनके जीवन का उदेश्य केवल कोढाणा किले को हासिल करना ही है।

कोढ़ाना किले की बनावट कुछ इस तरह से थी की इस पर हमला करने वाली सेना को सबसे ज्यादा विपरीत परिस्थियों का सामना करना पड़ता था। वही शिवाजी इस किले को हर परिस्थिती भुलाकर इसे जितना चाहतें थें। तब किले पर करीब 5000 हजार मुगल सैनिको का पहरा था

व किलें सुरक्षा का जिम्मा उदयभान राठौर के हाथों में था। उदयभान थे तो एक हिंदू शासक लेकिन सत्ता की लालसा के कारण मुस्लिम बन गए। इस परिस्थितियों में कोढणा किले का एक ही भाग ऐसा था जहां से मराठा सेना आसानी से किले में प्रवेश कर सकें और वो भाग था किले की ऊंची पहांडीयों का पश्चिमी भाग।

तानाजी की रणनीती के अनुसार उन्होंने यह तय किया की वो पश्चिमी भाग की चट्टानों पर गोहपड की सहायता से चढ़कर किले की सुरक्षा को भेदेगें। बता दे की गोहपड़ लकड़ी व रस्सी की सहायता से बनाई जाती है। जो गोह नामक चिपकली की तरह होती है यह एक बार में मुश्किल से मुश्किल चट्टान के चिपक मजबूती से चिपक जाती है। तानाजी के कोढणा किले में प्रवेश करने के बाद मराठा सेना एक के बाद एक किले में प्रवेश कर जाते है। तानाजी की इस गोहपड़ का नाम यशंवंती था।

मुगल से कोढणा किले को मुक्त कराने के लिए करीब 342 सैनिको के साथ तानाजी किले में प्रवेश कर जाते है। तब किले में सुरक्षा के लिए तैनात मुगल सेनापती उदयभान को इस बात की भनक लग जाती है और कोढणा किले में मुगल व मराठा सैनिको के बीच भंयकर युद्ध छिड़ जाता है। तानाजी जब सैनिको का सामना कर रहें होते है तब अचानक युदयभान झल से उन पर हमला कर उनकी की हत्या कर देता है। तानाजी की मौत का बदला उनके शेलार मामा ने उदयभान को मौत की घाट उतार कर लिया। अत: में जंग समाप्त होती है और एक बार फिर कोढणा किले पर मराठा साम्राज्य का अधिकार होता है।

कोढणा किले को जीतने के बाद मराठा सम्राट शिवाजी किले की जीत के बाद भी दुखी हो गए और बोले "गढ़ आला पण सिंह गेला" यानी गढ़ तो जीत लिया लेकिन मेरा सिंह तानाजी मुझे छोड़ कर चला गया।

मुगलों के अधीन से कोढ़ना किले से मुक्त कराने के बाद शिवाजी महाराज ने कोढ़ना किले का नाम बदलकर अपने मित्र की याद में सिंहगढ़ रख दिया साथ ही पुणे नगर के "वाकडेवाडी" का नाम "नरबीर तानाजी वाडी" रख दिया। तानाजी की वीरता को देखते हुए शिवाजी ने उनकी याद में महाराष्ट्र में उनकी याद में कई स्मारक स्थापित किए।

भारत सरकार ने भी तानाजी का सम्मान करते हुए सिंहगढ़ किले की तस्वीर के साथ 150 रुपये की डाक टिकट जारी की।

तानाजी के जीवन पर बनने वाली फिल्म - Tanaji तानाजी के जीवन को पर्दे पर दिखाने के लिए उनकी बॉलीवूड बनी है। फिल्म में तानाजी मालुसरे की भूमिका में बॉलीवुड एक्टर अजय देवगन हैं। फिल्म का डायरेक्शन ओम राउत ने किया है। ओम राउत अपने डायरेक्शन में पहले लोकमान्य तिलक के जीवन पर मराठी फिल्म " लोकमान्य एक युग पुरुष " बना चुकें है जो 2 जनवरी 2015 को रिलीज की कई थी।

तानाजी मालुसरे की वीरता व दृढ़ निश्चय की विरता का उल्लेख मध्यकाल युग के कवि तुलसीदास ने "पोवाडा" कविता की रचना की थी।

देश के समाजसेवी बनकर देश के लिए महत्वपुर्ण कार्य को आगे बढ़ाने वाले विनायक दामोदर सावरकर ने भी तानाजी के जीवन पर "बाजीप्रभु" नामक गीत की रचना की। सावरकर

की इस रचना पर ब्रिटिश सरकार ने रोक लगा दी लेकिन 24 मई 1946 को प्रतिबंध हटा दिया गया।

तानाजी मालुसरे की जीवन वीरता पर कविता - Veer Savarkar Poem Tanaji Malusare In Hindi

वीर सावरकर ने तानाजी की सिंहगढ़ की वीरता को अपनी कविता में इस तरह उल्लेख किया

" जयोऽस्तु ते श्रीमहन्मंगले शिवास्पदे शुभदे।

स्वतंत्रते भगवति त्वामहम् यशोयुतां वंदे ॥१॥

स्वतंत्रते भगवती या तुम्ही प्रथम सभेमाजीं।

आम्ही गातसों श्रीबाजीचा पोवाडा आजी ॥२॥

चितूरगडिंच्या बुरुजानो त्या जोहारासह या।

प्रतापसिंहा प्रथितविक्रमा या हो या समया ॥३॥

तानाजीच्या पराक्रमासह सिंहगडा येई

निगा रखो महाराज रायगड की दौलत आयी ॥४॥

जरिपटका तोलीत धनाजी संताजी या या।

दिल्लीच्या तक्ताचीं छकलें उधळित भाऊ या ॥५॥

स्वतंत्रतेच्या रणांत मरुनी चिरंजीव झाले।

या ते तुम्ही राष्ट्रवीरवर या हो या सारे ॥६॥ " - **वीर सावरकर**

झाँसी की रानी लक्ष्मी बाई

झाँसी की रानी लक्ष्मीबाई की शौर्य गाथाएँ, किसको नहीं पता! उनका जिक्र आते ही हम अपने बचपन में लौट जाते है और सुभद्रा कुमारी चौहान की वह पंक्तियां गुनगुनाने लगते हैं जिनमें वह कहती है, "खूब लड़ी मर्दानी, वह तो झाँसी वाली रानी थी।

सन 1828 में वाराणसी जिले के भदैनी में मोरोपन्त तांबे के घर में एक बच्ची का जन्म हुआ। उस बच्ची का नाम रखा गया मणिकर्णिका। नाम बड़ा था इसलिए घरवालों ने उसे मनु कहकर बुलाना शुरू कर दिया जिसे बाद में दुनिया ने रानी लक्ष्मीबाई के नाम से जाना। मनु अभी बोलना भी नहीं सिख पाई थी, पर उनके चुलबुलेपन ने उन्हें सबका दुलारा बना दिया।

देखते ही देखते वह कब चार साल की हो गई किसी को पता नहीं चला। फिर अचानक एक दिन, उनके सर से माँ भागीरथी बाई का साया हट गया। उन्होंने हमेशा के लिए अपनी आंखे बंद कर ली थी। अब पिता मोरोपन्त तांबे ही थे, जिन्हे मनु को माता और पिता दोनों बनकर पालना था। बिन माँ के बेटी का पालन-पोषण करना आसान नहीं था, पर पिता मोरोपन्त ने धैर्य नहीं खोया और न ही उन्होंने अपनी जिम्मेदारी से मुँह नहीं मोड़ा। उन्होंने मनु को कभी भी माँ की कमी महसूस नहीं होने दी और एक बेटे की तरह ही बड़ा किया।

शायद उन्होंने बचपन में ही मनु के हुनर को पहचान लिया था। तभी पढ़ाई के साथ उन्होंने मनु को युद्ध कौशल भी सिखाए। धीरे-धीरे मनु घुड़सवारी, तलवारबाजी और तीरंदाजी में पारंगत होती गई। देखते ही देखते मनु एक योद्धा की तरह कुशल हो गई। उनका ज्यादा से ज्यादा वक्त अब लड़ाई के मैदान में गुजरने लगा।

कहते है की मनु के पिता संतान के रूप में पहले लड़का चाहते थे, ताकि उनके बंश को आगे बढ़ाया जा सके। लेकिन जब मनु का जन्म हुआ तो उन्होंने तय कर लिया था कि वह उसे ही एक बेटे की तरह तैयार करेंगे। मनु ने भी अपने पिता को निराश नहीं किया और उनके सिखाए हर कौशल को जल्द से जल्द सीखती गई। इसके लिए वह लड़कों के सामने मैदान में उतरने से भी नहीं कतराई। उनको देखकर सब उनके पिता से कहते थे कि तुम्हारी बिटियां बहुत ही खास है और यह आम लड़कियों की तरह बिल्कुल भी नहीं है।

मनु के बचपन में नाना साहिब उनके दोस्त हुआ करते थे। वैसे तो दोनों में उम्र का काफी बड़ा फासला था। नाना साहिब मनु से लगभग दस साल बड़े थे, लेकिन उनके दोस्ती के बीच कभी उम्र का यह अंतर नहीं आया। नाना साहिब और मनु के साथ एक शख्स और था जो अक्सर इन दोनों के साथ रहता था और उस शख्स का नाम था तात्या टोपे

बचपन से यह तीनों एक साथ खेलते और युद्ध के प्रतियोगिताओं में भी एक साथ ही भाग लेते रहते थे। माना जाता है कि रानी लक्ष्मीबाई ने जब पहली आजादी की जंग लड़ी थी, तब भी इन दोनों ने उनका कंधे से कंधा मिलाकर साथ दिया था। मनु बचपन से ही यह मानती थी कि वह लड़कों के जैसे सारे काम कर सकती है

एक बार उन्होंने देखा कि उनके दोस्त नाना, एक हाथी पर घूम रहे थे। हाथी को देखकर उनके अंदर भी हाथी की सवारी की जिज्ञासा जागी। उन्होंने नाना को टोकते हुए कहा कि वह हाथी की सवारी करना चाहती है। इस पर नाना ने उन्हें सीधे इंकार कर दिया। उनका मानना था कि मनु हाथी के सैर करने के योग्य नहीं है। यह बात मनु के दिल को छू गई और उन्होंने नाना से कहा कि एक दिन उनके पास भी उनके खुद के हाथी होंगे।आगे चलकर जब वह झाँसी की रानी बनी तो यह बात सच साबित हुई

मनु महज़ 13-14 साल की की रह होंगी, जब उनकी शादी झाँसी के राजा गंगाधर राव से कर दी गई। उन्हें एक पुत्र की प्राप्ति भी हुई थी लेकिन चार महीने के अल्पआयु में ही उसकी मृत्यु हो गई। अंग्रेज अपने राज्य को बचाने के लिए राजा गंगाधर राव ने एक बच्चे को गोद लिया। बच्चे का नाम दामोदर राव रखा गया। लेकिन गंगाधर राव बच्चे के नामकरण के अगले दिन ही चल बसे।

अपनी खुद की संतान न होने के कारण अंग्रेजी हुकूमत ने रानी लक्ष्मीबाई को झाँसी छोड़ने का फरमान जारी कर दिया। गवर्नर जनरल, लॉर्ड डलहौज़ी ने झाँसी पर कब्ज़ा कर लिया और रानी को गद्दी से बेदखल करने का आदेश जारी कर दिया। लेकिन स्वाभिमानी रानी ने फैसला कर लिया था कि वह अपनी झाँसी अंग्रेजो को नहीं देगी।

जब अंग्रेजी दूत रानी के पास किला खाली करने का फरमान लेकर आए तो रानी ने गरजकर कहा "मैं अपनी झाँसी नहीं दूंगी।" जनवरी 1858 में अंग्रेजी सेना झाँसी पर कब्ज़ा करने के लिए आगे बढ़ी। लक्ष्मीबाई युद्ध के मैदान में कूद पड़ी और उनकी सेना ने अंग्रेजो को आगे बढ़ने से रोक दिया। लड़ाई दो हफ़्तों तक चली और अंग्रेजी सेना को पीछे हटना पड़ा। लेकिन अंग्रेज बार-बार दोगुनी ताकत के साथ वापस आ जाते।

झाँसी की सेना लड़ते-लड़ते थक गई थी। आखिरकार, अप्रैल 1858 में अंग्रेजो ने झाँसी पर कब्ज़ा कर लिया। रानी लक्ष्मीबाई अपने कुछ भरोसेमंद साथियों के साथ अंग्रेजो को चकमा दे कर किले से निकलने में कामयाब हो गई। रानी और उनकी सेना कालपी जा पहुंची और उनके द्वारा ग्वालियर के किले पर कब्ज़ा करने की योजना बनाई गई। ग्वालियर के राजा किसी भी हमले की तैयारी में नहीं थे।

30 में 1858 के दिन रानी अचानक अपने सैनिको के साथ ग्वालियर पर टूट पड़ी और 1 जून 1858 के दिन ग्वालियर के किले पर रानी का कब्ज़ा हो गया। ग्वालियर अंग्रेजी हुकूमत के लिए बहुत महत्वपूर्ण था। ग्वालियर के किले पर रानी लक्ष्मीबाई का अधिकार होना, अंग्रेजो की बहुत बड़ी हार थी। अंग्रेजो ने ग्वालियर के किले पर हमला कर दिया। रानी ने भीषण मार-काट मचाई। बिजली की भांति, लक्ष्मीबाई अंग्रेजो का सफाया करते हुए आगे बढ़ती जा रही थी

ग्वालियर के लड़ाई का दूसरा दिन था, रानी लड़ते-लड़ते अंग्रेजो से चारों तरफ से घिर गई। वह एक नाले के तरफ आ पहुंची जहाँ आगे जाने का कोई रास्ता नहीं था और उनका घोडा नाले को पार नहीं कर पा रहा था। रानी अकेली थी और सैकड़ों अंग्रेज सैनिकों ने मिलकर रानी पर वार करना शुरू कर दिया। रानी घायल होकर गिर पड़ी, लेकिन उन्होंने अंग्रेज सैनिकों को जाने नहीं दिया और मरते-मरते भी उन्होंने उन सबको मार गिराया।

लक्ष्मीबाई नहीं चाहती थी कि उनके मरने के बाद उनके शरीर को अंग्रेज छू पाएं। वहीं पास साधु की कुटिया थी। साधु उन्हें उठाकर अपने कुटिया तक ले आए। लक्ष्मीबाई ने साधु से विनती की कि उन्हें तुरंत जला दिया जाए। और इस तरह 18 जून 1858 के दिन ग्वालियर में रानी वीरगति को प्राप्त हो गई

राणा सांगा

राजस्थान के सबसे बड़े और साहसी शूरवीरों में से एक महाराणा सांगा को आज भी उनके बलिदान के लिए पूजा जाता है। मेवाड़ के पूर्व शासक एवं महाराणा प्रताप के पूर्वज राणा सांगा ने मेवाड़ में 1509 से 1528 तक शासन किया। राणा सांगा ने विदेशी आक्रमणकारियों के विरुद्ध सभी राजपूतों को एकजुट किया। राणा सांगा सही मायनों में एक बहादुर योद्धा व शासक थे जो अपनी वीरता और उदारता के लिये प्रसिद्ध थे। सांगा उस समय के सबसे शक्तिशाली हिन्दू राजा थे। उन्होंने दिल्ली, गुजरात व मालवा मुगल बादशाहों के आक्रमणों से अपने राज्य की बहादुरी से रक्षा की।

फरवरी 1527 ई. में खानवा के युद्ध से पूर्व बयाना के युद्ध में राणा सांगा ने मुगल सम्राट बाबर की सेना को परास्त कर बयाना का किला जीता। इस युद्ध में राणा सांगा के कहने पर राजपूत राजाओं ने पाती पेरवन परम्परा का निर्वाहन किया। बयाना के युद्ध के पश्चात 17 मार्च, 1527 ई. में खानवा के मैदान में ही राणा सांगा जब घायल हो गए थे तब उन्हें बाहर निकलने में कछवाह वंश के पृथ्वीराज कछवाह ने महत्वपूर्ण भूमिका निभाई तथा पृथ्वीराज कछवाह द्वारा ही राणा सांगा को घायल अवस्था में काल्पी (मेवाड़) नामक स्थान पर पहुंचाने में मदद दी गई। लेकिन असंतुष्ट सरदारों ने इसी स्थान पर राणा सांगा को जहर दे दिया। ऐसी अवस्था में राणा सांगा पुन: बसवा आए जहा सांगा की 30 जनवरी, 1528 को मृत्यु हो गयी। लेकिन राणा सांगा का विधि विधान से अन्तिम संस्कार माण्डलगढ (भीलवाड़ा) में हुआ। इतिहासकारों के अनुसार उनके दाह संस्कार स्थल पर एक छतरी बनाई गई थी। ऐसा भी कहा जाता है कि वे मांडलगढ़ क्षेत्र में मुगल सेना पर तलवार से गरजे थे। युद्ध में महाराणा का सिर अलग होने के बाद भी उनका धड़ लड़ता हुआ वीरगति को प्राप्त हुआ।

शरीर पर थे अनगिनत घाव, फिर भी दिखाया अदम्य साहस

राणा सांगा अदम्य साहसी थे। एक भुजा, एक आंख खोने व अनगिनत ज़ख्मों के बावजूद उन्होंने अपना धेर्य और पराक्रम नहीं खोया। सुलतान मोहम्मद शासक माण्डु को युद्ध में हराने व बन्दी बनाने के बाद उन्हें उनका राज्य पुन: उदारता के साथ सौंप भी दिया, यह उनकी महानता और बहादुरी को दर्शाता है।

सिर कटा लेकिन धड़ लड़ता रहा

एक विश्वासघाती के कारण वह बाबर से युद्ध जरूर हारे, लेकिन उन्होंने अपने शौर्य से दूसरों को प्रेरित किया। इनके शासनकाल में मेवाड़ अपनी समृद्धि की सर्वोच्च ऊंचाई पर था। एक आदर्श राजा की तरह सांगा ने अपने राज्य की रक्षा तथा उन्नति की। सांगा ने मुगलों के खिलाफ लड़ाई लड़ी थी। वे मांडलगढ़ क्षेत्र में मुगल सेना पर तलवार से गरजे थे। कहते हैं कि युद्ध में महाराणा का सिर माण्डलगढ़ (भीलवाड़ा) की धरती पर गिरा, लेकिन घुड़सवार धड़ लड़ता हुआ चावण्डिया तालाब के पास वीरगति को प्राप्त हुआ।

गोरा बादल

राजस्थान के मेवाड़ की पावन धरती ने कई महान एवं वीर पराक्रमी योद्धाओं को जन्म दिया है। गोरा एवं बादल उन्हीं वीर योद्धाओं में से है। यह धरती हमेशा उनकी कृतज्ञ रहेगी। इन दोनों महान योद्धाओं के बारे में यह कहा जाता है कि 'जिनका शीश कट जाए फिर भी धड़ दुश्मनों से लड़ता रहे वह है राजपूत'।

दोनों के साहस, बल एवं पुरुषार्थ से सारे शत्रु डरते थे। गोरा और बादल इतिहास के उन गिने – चुने लड़ाकुओं में से थे जिनके पास बाहुबल के साथ – साथ तीव्र बुद्धि भी थी। इनकी बुद्धि व वीरता ने उस असंभव कार्य को भी संभव कर दिखाया जिसे कोई शायद ही कर पाता।

चित्तौड़गढ़ का इतिहास राजपूतानी मिसालों से भरा हुआ है परंतु वहाँ के राजा रावल रतन सिंह के सेनापति गोरा और बादल की कहानी कई महायुद्धों पर भारी पड़ने वाली कहानी है। गोरा – बादल ना तो राजा थे, ना ही कोई सम्राट और ना ही कोई बादशाह, परंतु उनकी वीरता की कहानी अमर हो गई। वे जालौर के चौहान वंश से संबंध रखते थे। चित्तौड़गढ़ की सुरक्षा जिन सात अभेद दरवाजों पर टिकी हुई थी उनमें से दो गोरा और बादल भी थे।

गोरा चित्तौड़गढ़ की सेना के सेनापति थे और बादल उनके भतीजे थे। युद्ध की रणनीति बनाने में भी वे निपुण थे। इतिहास दोनों चाचा – भतीजों को आज भी गर्व से याद करता है। बादल भी अपने चाचा गोरा की तरह युद्ध कला में माहिर थे। सिर्फ 12 वर्ष की उम्र में उन्होंने अपनी जिंदगी की सबसे बड़ी लड़ाई लड़ी थी। इतनी कम उम्र में उनकी ख्याति दूर – दूर तक फैली।

अलाउद्दीन खिलजी चित्तौड़ की महारानी पद्मिनी की सुंदरता को शीशे में देखकर उन्हें पाने के लिए आतुर हो गया था। उसने रावल रतन सिंह को कैंप में बुलवाकर धोखे से बंदी बना लिया और उसके बाद उसने रानी को संदेश पहुँचाया कि यदि वह उसकी खिदमत में हाजिर नहीं होंगी तो राजा का कटा हुआ सिर ही उनके पास पहुँचेगा।

रानी ने गोरा – बादल से मदद की गुहार लगाई और तब गोरा और बादल राजपूतानी शान की रक्षा करने के लिए तुरंत तैयार हो गए। उन्होंने राजा को छुड़ाने हेतु एक रणनीति तैयार की। गोरा ने 700 डोलियाँ बनवाकर उसमें उतने ही सैनिक स्त्रियों की वेशभूषा में बैठा दिये। हर डोली में चार कहारों को मिलाकर लगभग तीन हजार वीर राजपूत जवानों ने खिलजी पर सर्जिकल स्ट्राईक करने की तैयारी की। गोरा ने रानी के नाम से खिलजी को संदेश पहुँचाया की महारानी उनके पास आने को तैयार है पर वे एक बार महाराजा रतन सिंह से मिलना चाहती हैं। खिलजी ने खुश होकर तुरंत उनकी यह शर्त मान ली। पद्मिनी के भेष में डोली में बैठे लोहार को बंदीगृह में भेजकर राजा की बेड़ियाँ कटवा कर गोरा ने उन्हें मुक्त करवा लिया। गोरा और बादल रण का आभूषण पहने राजपूत सैनिकों के साथ खिलजी की सेना पर टूट पड़े। दोनों सेनाओं का भीषण मुकाबला हुआ और सैकड़ों की संख्या में आए हुए राजपूत सैनिक असंख्य मुगल शत्रुओं

पर भारी पड़ने लगे। गोरा खिलजी के तंबू तक पहुँच कर उसे मारने ही वाले थे तभी खिलजी अपनी पत्नी के पीछे छुप गया।

गोरा एक सच्चे राजपूत थे और राजपूत, महिलाओं को नहीं मारते, इसलिए उन्होंने महिला पर हाथ नहीं उठाया और खिलजी बच गया। परंतु उसी खिलजी के सेनापति ने धोखे से गोरा पर प्राणघातक वार किया। गोरा खिलजी की सेना का संहार कर ही रहे थे तभी खिलजी के एक सेनापति ने पीछे से धोखे से आकर उनका सिर धड़ से अलग कर दिया। सिर कटने के पश्चात भी गोरा का घड़ खिलजी की सेना से लड़ता रहा और अंत में उन्होंने उस सेनापति जफर का सिर काट कर जमीन पर ला दिया और उसके बाद ही इस महान राजपूत योद्धा के प्राण निकले। चाचा गोरा के धड़ को लड़ता देख बादल ने और भी पराक्रम के साथ खिलजी की सेना का संहार किया। फिर अंत में राजस्थान के सम्मान की रक्षा करते हुए अपने प्राण न्यौछावर कर दिए। इस प्रकार गोरा और बादल की यह रणनीति खिलजी पर भारी पड़ी और राजा रतन सिंह सकुशल चित्तौड़ वापस पहुँच सके।

12 वर्षीय बादल की वीरता का एक गीतकार ने इस तरह वर्णन किया है-

"बादल बारह बरस से, लड़ियों लाखा साथ।

सारी दुनिया पेखियो, वो खांडा वै हाथ"।।

इन दोनों चाचा – भतीजे की वीरता की कहानी आज भी अमर है और सदियों तक आने वाली पीढ़ियों को गौरवपूर्ण आत्मबलिदान की प्रेरणा देती रहेगी। गोरा और बादल की वीरता व शौर्य की अद्भुत कहानी राजस्थान के कण – कण में अमर हो गई। गोरा और बादल की स्मृति में चित्तौड़गढ़ के किले में रानी पद्मावती के महल के दक्षिण में गुंबद के आकार के दो घर बनवाए गए हैं जिन्हें गोरा – बादल के महलों का नाम दिया गया है। भारतमाता के इन दोनों वीर सपूतों की कहानी युगों – युगों तक नवयुवकों में आजादी, अस्मिता और राष्ट्रभक्ति की प्रेरणा भरती रहेगी।

* * *